Werner Barfod u. a.

Die drei Urphänomene eurythmischen Bewegens

WERNER BARFOD u. a.

Die drei Urphänomene eurythmischen Bewegens

Beiträge zur Vertiefung eurythmischer Grundelemente

Herausgegeben von der
Sektion für Redende und Musizierende Künste
der Freien Hochschule für Geisteswissenschaft
Goetheanum

Mit einem Geleitwort von Virginia Sease

VERLAG AM GOETHEANUM

Einbandgestaltung von Gabriela de Carvalho

Satz: Utesch Satztechnik GmbH, Hamburg
Herstellung: Freiburger Graphische Betriebe

ISBN 3-7235-0652-6

INHALT

GELEITWORT

Kurz nach dem Anfang des 20. Jahrhunderts, als viele Menschen verzweifelt vor dem Rätsel standen, wie sie ihr Seelisch-Geistiges in Zusammenklang mit ihrer leiblichen Natur bringen sollten, tauchte die Eurythmie in der Menschheitskultur wie eine Keimsubstanz, eine himmlische Gabe, auf, die sich dann in ihrer eigenen künstlerischen Entwicklung und Entfaltung mit dem Los des modernen Menschen verband. Rudolf Steiner selber beschrieb die Eurythmie als eine Schicksalsgabe, die auf dem Boden der Anthroposophie gewachsen ist. In diesen acht Jahrzehnten, seit 1912, hat die Eurythmie als eine Bühnenkunst, wie auch in ihren erzieherischen und therapeutischen Aspekten, schon eine enorme Entwicklung innerlich und äußerlich erlebt. Mit jeder Künstlergeneration geht die Entwicklung weiter. Nun ist die Eurythmie in fast allen Weltteilen durch ausgebildete Eurythmistinnen und Eurythmisten vertreten.

Die Eurythmie-Ausbildung stellt hohe Ansprüche, und wie jede Kunst verlangt auch sie ständiges, selbstloses Üben, damit die einmal gewonnenen Fähigkeiten nicht verschwinden, sondern sich weitergestalten können. Sehr viel menschenkundliches Wissen muß auch von dem Eurythmisten erlangt und gepflegt werden, da die Eurythmie als Kunst den ganzen Menschen repräsentiert – in dem heutigen Sprachgebrauch kann man sie mit Recht als die modernste «Ganzheitskunst» bezeichnen.

Für den Laien, der sich mit der Eurythmie vertraut machen will, gibt es verschiedene Möglichkeiten: er kann die Aufführungen rein ästhetisch genießen, wie man zum Beispiel auch eine Oper oder ein Konzert erlebt. Er kann aber auch so intensiv, wie es ihm seine biographische Lebenssituation ermöglicht, an Eurythmiekursen teilnehmen, damit er in ein lebendiges Verhältnis zu ihr kommt. Dann beginnt er durch das Tun, das Üben, selbst sich Fragen in bezug auf das Physisch-Seelisch-Geistige zu stellen, das in der eurythmischen Kunst wie auch durch sie wahrnehmbar ist.

Die menschenkundlich-eurythmischen Forschungsergebnisse, die durch die Autoren dieser Schrift zusammengefaßt sind, werden jedeninteressieren – ob in der Eurythmie gründlich ausgebildet oder mehr am Anfang stehend – und in Bereiche führen, die die großen Dimensionen der Eurythmie aufzeigen. Man findet hier Anregungen für Vertiefung der eurythmischen Elemente, um zu den künstlerischen Quellen vorzudringen. Klar spürt man, wie die Ansätze zur vorliegenden Arbeit aus der künstlerischen Tätigkeit und aus dem Unterrichten erwachsen sind.

Eine selbstverständliche Tatsache ist es: je mehr der moderne Mensch sich einem Gebiet erkenntnismäßig annähern kann, desto reicher und tiefgreifender können seine Erlebnisse in dieser Hinsicht werden. Um die Kunst der Eurythmie nicht nur rein ästhetisch zu genießen, sondern auch als physisch-ätherische Keimkraft für die Gegenwart und die Zukunft zu schätzen, sind manche Erkenntnisschritte seitens der Eurythmisten wie auch der Laien notwendig. Zu diesem Verständnis tragen diese Ausführungen wesentlich bei. Es ist eine besondere Freude, sie als ersten Band in einer neuen Reihe der Sektion für Redende und Musizierende Künste der Freien Hochschule für Geisteswissenschaft am Goetheanum herauszugeben.

Virginia Sease

MOTIVATION

«In früheren Zeiten waren die Künstler verbunden mit dem Sinn der Weltenordnung in dumpfem Bewußtsein, ohne daß sie es wußten. Aber die Kunst würde ersterben, würde keine Fortsetzung erhalten, wenn nicht in Zukunft die Geisteswissenschaft als Wissen von diesen Dingen der Kunst eine neue Grundlage gäbe.

Die unterbewußte Kunst hat ihre Vergangenheit und mit ihrer Vergangenheit ein Ende erreicht. Die Kunst, welche sich von der Geisteswissenschaft inspirieren läßt, steht im Beginn, im Anfang der Entwicklung. Das ist die Kunst der Zukunft. So wahr es ist, daß der alte Künstler nicht zu wissen brauchte, was den Kunstwerken zugrunde liegt, so wahr ist es, daß es der zukünftige Künstler wissen muß, aber mit jenen Kräften, die wieder eine Art des Unendlichen darstellen, die wieder etwas aus dem Vollinhaltlichen der Seele darstellen. Denn der hat nicht die Geisteswissenschaft, der sie wieder zu einer Verstandeswissenschaft macht, der sie in Schemen und Paradigmen ausdrückt, sondern der hat sie, der bei jedem Begriff, den wir entwickeln – Opfer, schenkende Tugend, Resignation –, der bei jedem Worte etwas empfinden kann, was das Wort, was die Idee selbst zersprengen will, was höchstens in die Vieldeutigkeit der Bilder ausfließen kann.»[1]

VORWORT

Die menschliche Gebärde des Seins und Werdens ist die Gebärde von Ballen und Spreizen. Zugleich bildet sie auch die Grundlage für alle menschlichen Bewegungen. Die Eurythmie ist aus der Urgebärde hervorgegangen. Es ist die Urgebärde, aus der sich alles entwickeln läßt.

Deshalb müssen Betrachtungen und Forschungen zur Eurythmie an dieser Stelle beginnen.

Rein historisch ist es diese Gebärde, die vor vielen Jahren den Einstieg in die eurythmische Forschung bot. Es entstanden konzentrische Kreise um diesen Keim: Zuerst differenzierte sich die Gebärde qualitativ aus der praktisch-eurythmischen Arbeit heraus – menschenkundliche Zusammenhänge wurden evident erlebbar –, und nach und nach stellten sich die entsprechenden Ordnungen dazu ein.

Die Entdeckung, daß diese Urgebärde drei Urphänomene im menschlichen Bewegen kennt, kam viel später. Daraus ergab sich die Möglichkeit, die Beziehung zu den eurythmischen Kunstmitteln: Bewegung – Gefühl – Charakter auf einem ganz anderen Wege neu erfahrbar werden zu lassen. Denken – Fühlen – Wollen bekamen in diesem Zusammenhang ebenfalls einen weiter differenzierten Umkreis in der eurythmisch-sprachlichen Gestaltung einer Dichtung. Immer war der Erfahrungsanstoß der künstlerische Prozeß im Unterrichten und Gestalten.

Auf der anderen Seite stand die Arbeit an der menschenkundlichen Durchdringung der Eurythmie in der Ausbildung. Sinneslehre und die Verlebendigung der Sinnesprozesse ist die eine Säule einer

Ästhetik, die andere das Beseelen der Lebensprozesse. Viel ist in unseren jährlichen Arbeitstreffen der Mitarbeiter der Academie voor Eurythmie in Zusammenarbeit mit Thomas Göbel und lange Jahre auch mit Christof Lindenau gewachsen.

Es wird noch vieles hinzukommen müssen, um zu einem Ganzen zu kommen.

Bei dieser Veröffentlichung handelt es sich in erster Linie um Anregungen für die eurythmische Arbeit, um ein Vertiefen und Entwickeln der Grundlagen. Es soll versucht werden, *Wege* zu den Quellen aufzuzeigen, die gegangen werden wollen.

Die Beiträge zu einer neuen Ästhetik sind praktisch gemeint. Nur in der Zusammenarbeit von Kunst und Wissenschaft konnten diese Beiträge entstehen. Erste Schritte sind getan, doch viele müssen noch folgen.

Was aus der Erfahrung formuliert wurde, kann auch nur aus dem inneren Nachvollzug ergriffen werden. So ist zu hoffen, daß die Ausführungen der Grundsatzdarstellung durch verschiedene Autoren zu einem vertieften Verständnis führen und zur praktischen Anwendung anregen.

Die Arbeiten richten sich an eurythmisch Praktizierende und an eurythmisch-ästhetisch Interessierte. Es wird eine breite anthroposophische Kenntnis menschenkundlicher Zusammenhänge vorausgesetzt. Es ist zu hoffen, daß durch die Art und Weise, wie man eurythmisch mit der beseelten Bewegung Sinnesqualitäten neu erfahren kann, im künstlerischen Fortschreiten gerade von seiten der Eurythmie für eine neue Ästhetik wesentlich etwas beigetragen werden kann.

Werner Barfod

I.

Ballen und Spreizen als menschliche und eurythmische Urgebärde

BALLEN UND SPREIZEN ALS MENSCHLICHE UND EURYTHMISCHE URGEBÄRDE

Werner Barfod

Das «Ballen und Spreizen» ist eine Urgebärde der Menschheit, die uns insbesondere in der Form der Spirale vielfach überliefert ist. Für vieles, was dann in den keltischen Felsritzungen, auf den irischen Steinkreuzen und in den christlichen Labyrinthen Abbild vom Weg des Menschen aus dem Kosmos zur Erde und wieder zurück in den Kosmos wurde, war der Sternenreigen das Urbild. Auch in den Reigentänzen der Völker spiegelt sich das noch.

So kennen wir in Griechenland Darstellungen von Zusammenhängen des Kosmos mit dem Menschen, in denen abwechselnd eine Gestalt den Palmenzweig und die andere die Thyrsosknospe als Symbol einerseits des sonnenhaft Gefiederten, Gestreckten und andererseits des mondenhaft knospig Gehaltenen im Reigentanz trugen.[2]

Immer sind die Gerade und die Gebogene das Urbildliche in der Schöpfung. So sind das Strahlend-Gestreckte und das Gebogen-Gerundete in der Gebärde des Menschen urbildlicher Ausdruck seines kosmischen Ursprungs.

In allen Gesten im Leben finden wir diese Urgebärde wieder (z. B. Geben und Nehmen). Sie ist auch die Urgebärde des «neuen Tanzes», der Eurythmie. In den folgenden Ausführungen wird Menschenkundliches zur Eurythmie anhand der Urgebärde aus der Erfahrung und Forschung beschrieben werden.

Es soll damit ein Beitrag gegeben werden sowohl zur Vertiefung und Weiterentwicklung der eurythmisch-künstlerischen Arbeit als auch zur Erweiterung der ästhetischen Betrachtung und Beurteilung.

Lachen und Weinen[3]

In diesen beiden seelischen Regungen steht das Ich auf verschiedene Weise der Welt gegenüber: im Lachen erhebt sich das Innere des Menschen über das Äußere in der Welt; im Weinen zieht es sich in sich zurück und fühlt seine Hilflosigkeit gegenüber den äußeren Tatsachen, die aus der Welt eindringen.

Im «Zarathustra-Lächeln»[4a] erleben wir das geistige Sich-Erheben des freien Ich in den Himmel. Wenn Faust am Ostermorgen sagt: «Die Träne quillt, die Erde hat mich wieder!», erleben wir das Zusammengehören des Ich mit der Welt, mit der Erde. In der Gebärde lösen sich die Glieder im Lachen, in dem Gefühl der Befreiung; sie ziehen sich in sich zusammen mit dem Gefühl der Befestigung, im Weinen. Das Ich schafft sich im Lachen und Weinen einen besonderen Ausdruck, der wiederum intim zusammenhängt mit der inneren Beseelung und dem Atmungsprozeß des Menschen.

Ballen und Spreizen als eurythmische Gebärde

In der Eurythmie findet diese menschliche Urgebärde ihre Entsprechung im Gestalten der Bewegung des Ballens und Spreizens. Im «Spreizen» erhebt sich der Mensch über die Welt, im «Ballen» zieht er sich aus Schwäche in sich zurück, die Welteindrücke überwältigen ihn. Gleichzeitig aber sammelt er im Zusammenziehen wiederum neue Kräfte in sich. Die Seele kann hier unmittelbar sprechen; durch die Bewegung sinnlich sichtbar in ihrer Hinwendung zum Licht (im Lachen, im Sich-Lösen, im Sich-Befreien) und im Sich-Zurückziehen in die Dunkelheit (im Weinen, im Sich-Abschließen bis zur Hoffnungslosigkeit).[4b]

Die physische Bewegung kann zum Instrument für das Seelisch-Geistige werden. Im Strecken entlassen wir mit der Bewegung etwas Willensmäßiges in die Welt; das Strecken setzt sich nach außen hin fort, entläßt Lebenskraft. Im Beugen wird Lebenskraft im Innern verbraucht; die von außen hereinströmende Kraft verbrennt den

Menschen innerlich. Rudolf Steiner spricht in diesem Zusammenhang vom Aufhellen und Abdunkeln unserer Aura.[5]

Vier Ebenen der Bewegung

Die Ich-Welt-Beziehung ist die Grundtatsache des Ballens und Spreizens. Die menschliche Urgebärde, die sich in Freude und Schmerz spontan ausdrückt, ist zugleich die Urgebärde des durch die Bewegung sprechenden Menschen in der Eurythmie. Jedes Atemholen, jedes Einschlafen und Erwachen, jedes Zuhören und Sprechen findet in dieser Urgebärde seinen Ausdruck. Nicht nur das Leben, sondern auch die Seele kann sich darin offenbaren, und für das Ich wird sie Brücke zur Welt im Sprechen und Lauschen.

Jede willkürliche Bewegung hängt aufs engste mit der ganzen menschlichen Wesenheit in ihrer räumlichen, zeitlichen, beseelten und bewußten Erscheinung zusammen.

Jede Bewegung erscheint sinnlich-sichtbar im Raum; sie hat ihren Verlauf in der Zeit im Entstehen und Vergehen (Rhythmus), und sie hat ihren spezifischen Tonus (die Dynamik von Spannen und Lösen). Geführt aber wird die Bewegung unsichtbar vom Ich, es ist der «Führer der Marionette», der durch das Gleichgewicht der Kräfte auch die Harmonie der Bewegung bewirkt.[6]

Räumlich erscheint die Bewegung z. B. höher oder tiefer, größer oder kleiner, weiter weg oder ganz nah an der Gestalt.

Zeitlich ist das Werden der Bewegung zum Höhepunkt hin und ihr Schwinden in einem bestimmten Verlauf, in immer anderem Tempo, rhythmisch wechselnd, zu beachten.

Die *seelische* Äußerung der Bewegung wird bestimmt durch Spannung und Entspannung in vielfältigster, differenziertester Weise. Sie schlägt sich sichtbar als Empfindung an der Bewegung nieder; im Tanz wird diese Bewegungsäußerung Körpersprache genannt.

Über alles greifend, schafft das Ich den rechten Zusammenklang. Es drückt in der zum Instrument gewordenen Bewegung seine *Intention* aus; in der Gestaltung erscheint die *bewußt* geführte Bewegung.

II.

Ballen und Spreizen in der Eurythmie

DIE VIER GRUNDQUALITÄTEN DES BALLENS UND SPREIZENS

Werner Barfod

Die einfachste Form des Beugens und Streckens erscheint an der physischen Gestalt, wenn aus dem «Der-Schwere-verhaftet-Sein» langsam die Aufrechte entsteht, aus dem Beugen das Strecken sich bildet. Es scheint geradezu Leben in die Gestalt oder die Gebärde einzuziehen, wie wenn bei einer Pflanze sich langsam das Blatt entrollt. Es erscheint die Beziehung zwischen Leichte und Schwere als Schein des Lebendigen. Die wesentliche Ausdrucksebene liegt hier zwischen oben und unten.

Im Menschen ist diese Art der Bewegung, die noch nicht beseelt erscheint, wie zwischen dem physischen und dem Ätherleib beheimatet:

Es ist Bewegung und doch ist sie den physischen Gesetzmäßigkeiten von leicht und schwer unterworfen.

Wird die Gebärde *atmend* ergriffen, wie Ebbe und Flut, wie Ein- und Ausatmen, entsteht rhythmisches Leben. Zuerst drücken die Arme mit ihrer sich schließenden und wiederum öffnenden Gebärde das Verhältnis zwischen Ich und Welt aus – wie eine Blüte sich öffnet und schließt im Tag-Nacht-Rhythmus. Hier erscheint die Beziehung zwischen innen und außen im Sich-Weiten und Wieder-Zusammenziehen. Im Menschen ist die Bewegungsqualität zwischen dem ätherischen Leib und der Empfindungsseele beheimatet: es ist Bewegung, deren Ausdruck in erster Linie lebendig-atmend wirkt, mit dem Schein des Beseelten.[7]

Die *stimmungserfüllte*, seelisch durchfühlte Gebärde ist dann die eigentlich eurythmische. Hier sind alle Stimmungen von «himmelhoch jauchzend» bis «zu Tode betrübt» in der Gebärde zu finden – im Sich-Erheben und im Sich-Schwachfühlen gegenüber der Welt, im heiteren Lachen und im traurigen Allein-Sein. Immer handelt es sich dabei um eine gefühlte Beziehung zwischen Ich und Welt.

Die ganze Bewegungsgestalt wird ergriffen. Im Menschen ist diese Gebärde zwischen Empfindungsseele und Gemütsseele beheimatet: sie erscheint durchseelt und wird zugleich selbst empfunden.

Die *intentional* geführte Gebärde entsteht in der Gleichzeitigkeit von Ballen und Lösen innerhalb der Gesamtbewegung. Hier wird die Urgebärde schon selber Gestaltungsausdruck. So wie jede Plastik Spannung und Entspannung gleichzeitig zeigt und dadurch gerade wirksam wird, so ist es auch in der Bewegungsgestalt. Z. B. kann die Gestalt des Eurythmisierenden in Anspannung sich strecken, die dazu gleichzeitig erscheinende Gebärde jedoch in einer gelöst lockeren Bewegung erscheinen. Die ganze Gebärde ist gleichermaßen mit der Welt und auch mit der Gestalt des Bewegenden verbunden. Hier erscheint alles, was seelisch-geistig Ausdruck sucht; es ist zugleich die Grundlage für die dramatische Gestaltung. Im Menschen ist diese Bewegungsart zwischen Gemütsseele und Bewußtseinsseelenhaltung zu finden: sie wird vom Ausführenden als inneres Spannungsfeld und durch den Zuschauer als bewußt intendierte Bewegung erlebt.

BALLEN UND SPREIZEN ALS GRUNDLAGE SPRACHLICHER ÄUSSERUNG UND GESTALTUNG

Werner Barfod

Diese vier qualitativen Bewegungsstufen von Ballen und Spreizen ergeben einerseits die Möglichkeit, die Gebärde menschenkundlich zu betrachten, sowohl ausübend als auch wahrnehmend, da sie unmittelbar Ausdruck des ganzen Menschen sind; andererseits dienen sie auch als Gestaltungsmittel der Eurythmie in einer sprachlich-poetischen Ausarbeitung.

Es ist eine selbstverständlich erscheinende Tatsache, daß jede sprachliche Offenbarung «symbiotisch» differenziert erlauscht werden kann, wenn sie sich lösend weitet zum Umkreis hin und wenn sie sich mehr zusammenzieht zum Zentrum.[8]

Am Beispiel des Ballens und Spreizens läßt sich dies verhältnismäßig leicht darstellen. Ein rhythmisches Atmen wird bei poetisch gestalteter Sprache immer zu finden sein. Dabei wird man sich in erster Linie von der Lautfolge und der dadurch entstehenden Gebärde leiten lassen und nicht vom Inhalt. Ein qualitativer Wechsel der Gebärde zwischen den vier Stufen hängt eng damit zusammen, ob die Seele mehr *wahrnehmend* oder mehr *wollend* aktiv ist, und ist erlebbar in der Sprache:

- Durch die *Verben* wird sowohl die willentliche Bewegung als auch die wahrnehmende impulsiert.

- *Bilder* in der Sprache heben mehr die wahrnehmende Kraft hervor.

- Die aus dem Innern aufsteigende *Kraft des Erlebens* – das eigentliche Erlebnis – zeigt mehr die wollende Seite des Handelns.

Skizzenhaft läßt sich dies am Beispiel einer Strophe des Gedichtes «In der Sistina» von Conrad Ferdinand Meyer verdeutlichen:

In der Sistine dämmerhohem Raum,	herausträumend – dritte Stufe
Das Bibelbuch in seiner nerv'gen Hand,	Schwere erfühlend – erste Stufe
Sitzt Michelangelo in wachem Traum,	ichhaft träumend – vierte, dann dritte Stufe
Umhellt von einer kleinen Ampel Brand.	locker heranatmend – zweite Stufe

Die Bewegung von Ballen und Spreizen ist die Urgebärde der Eurythmie schlechthin. Aus ihr lassen sich alle differenzierten sprachlich- und musikalisch-eurythmischen Gestaltungselemente entwickeln. Natürlich sind die beschriebenen vier qualitativen Stufen nur *ein*, wenn auch nicht unwesentlicher, Aspekt. Das Ballen und Spreizen wäre keine Urgebärde, wenn es sich nicht auch anderen menschenkundlich-ästhetischen Gesichtspunkten öffnete.[9]

VIER STUFEN DES UMGANGS MIT POETISCHEN TEXTEN

Baptiste Hogrefe

Beim wiederholten Lesen eines Gedichtes kann die Aufmerksamkeit auf unterschiedliche Phänomene desselben gelenkt werden. Zunächst ist es vielleicht die Metrik oder der Reim, dann besonders charakteristisch erscheinende Worte. Allmählich wird der Leser, von den Elementen der Sprache getragen, in die eigentliche Stimmung des Gedichtes versetzt, bis ihn, von dieser erfüllt, das Wesentliche erst trifft. Es ist also von einem schrittweisen Hineinwachsen in das Gedicht die Rede. Dabei fällt auf, daß die Aufmerksamkeit zunächst auf die Sprache und ihre Elemente gerichtet ist. Auch der Inhalt des Gedichtes, seine reine Aussage, erschließt sich so dem Leser. Die Aussage durch die Worte «hindurch» erst entdecken zu müssen, ist eine typische Eigenschaft der poetischen Sprache. Gerade dadurch, daß der Inhalt in den Hintergrund tritt, verarbeitet wird von der Formenwelt der Poesie, erscheint er in einer gleichsam sublimierten Form.

Im Folgenden soll gezeigt werden, daß, adäquat den vier Stufen der eurythmischen Übung «Ballen und Spreizen», beim Studium eines Gedichtes vier Schritte gemacht werden können. Der Leser kann seine Aufmerksamkeit auf vier verschiedene Lesarten richten und dabei bemerken, daß er mit vier verschiedenen Bewegungsarten in Berührung kommt. Es soll versucht werden, dies so darzustellen, daß die Aufmerksamkeit beim Lesen des betreffenden Gedichtes jeweils auf unterschiedliche Qualitäten gelenkt wird. Als Beispiel wurde das Gedicht «Beherzigung»[10a] von Johann Wolfgang von Goethe gewählt.

Feiger Gedanken
Bängliches Schwanken,
Weibisches Zagen,
Ängstliches Klagen
Wendet kein Elend,
Macht dich nicht frei.

Allen Gewalten
Zum Trutz sich erhalten,
Nimmer sich beugen,
Kräftig sich zeigen,
Rufet die Arme
Der Götter herbei.

Stufen der Annäherung
1. Das Metrum, der Silbenschritt
Die Art der Bewegung: aus Leichte und Schwere

Lesen wir zunächst das Gedicht einmal ganz streng metrisch. Wir werden bemerken, daß das Metrum sich mit wenigen Ausnahmen konsequent durch das ganze Gedicht fortsetzt. Die metrische Gestalt, die sich hauptsächlich vortut, ist die folgende: –∨ ∨–∨. Auf diese Gestalt sind die meisten Zeilen gebaut.

– ∨ ∨ – ∨
Feiger Gedanken
– ∨ ∨ – ∨
Bängliches Schwanken,
– ∨ ∨ – ∨
Weibisches Zagen,
– ∨ ∨ – ∨
Ängstliches Klagen
– ∨ ∨ – ∨
Wendet kein Elend,
– ∨ ∨ –
Macht dich nicht frei.

Es fällt auf, daß nur die letzte Zeile eine Ausnahme macht, da sie im Gegensatz zu den ersten fünf Zeilen mit einer Länge endet.

– ∨ ∨ – ∨
Allen Gewalten
∨ – ∨ ∨ – ∨
Zum Trutz sich erhalten,
– ∨ ∨ – ∨
Nimmer sich beugen,
– ∨ ∨ – ∨
Kräftig sich zeigen,
– ∨ ∨ – ∨
Rufet die Arme
∨ – ∨ ∨ –
Der Götter herbei.

Hier bilden die zweite und die sechste Zeile Ausnahmen, da sie jeweils mit einer Kürze beginnen. Auch hier endet die letzte Zeile wie in der ersten Strophe mit einer Länge.

So weit zu den metrischen Eigenschaften des Gedichtes. Auf weiAk48 soll hier jetzt nicht eingegangen werden.

Wenn sich der Leser nur auf die Längen konzentriert und diese besonders betont, wird er merken, daß die Längen besonders hervortreten. Dadurch kommt eine Bewegung in die Sprache, die wir als einen Wechsel von leicht und schwer empfinden können. Die Längen werden als schwerer empfunden und die Kürzen dementsprechend als leichter. Die erste Zeile hätte also folgende Bewegung:

schwer – leicht – leicht – schwer – leicht.

Damit wäre zunächst eine erste Annäherung an das Gedicht geschehen, und wir stellen fest, daß durch das Metrum, durch den Silbenschritt eine Bewegung erlebt werden kann, die sich offenbart in Gewichtigkeit, durch Schwere und Leichte. Diese Bewegung hat räumlich verharrenden Charakter.

2. Der Rhythmus, das Versmaß, der Atem des Gedichtes Die Art der Bewegung: stauend und lösend

Aufbauend auf der soeben gemachten Erfahrung, lesen wir nun das Gedicht noch einmal. Wir wollen dabei versuchen, uns vom Metrum gewissermaßen tragen zu lassen, in eine Art Pulsschlagrhythmus versetzt zu werden. Zart werden dann die Leichte und Schwere noch empfunden, gleichzeitig aber werden wir von einer fortlaufenden Bewegung von Silbe zu Silbe getragen. Nicht Schritt für Schritt, leichter oder schwerer, schreiten wir jetzt fort, sondern ein Fortlaufendes nimmt uns in seiner dahinströmenden Bewegung auf. Diese Empfindung bildet die Grundlage, nun auch in diesem Dahinfluten zu differenzieren. Es tauchen die metrischen Gestalten einzelner Worte auf und bilden untereinander wieder einen Rhythmus.

Nehmen wir das erste Wort des Gedichtes:

Feiger, Fei-ger.

In diesem Rhythmus der Sprache stellen sich die Silben des Wortes *Feiger* nicht mehr als Schwere – Leichte dar, sondern als Länge und Kürze – wir kommen in ein Zeiterleben hinein. *Fei-* wird jetzt als Länge empfunden gegenüber *-ger* als Kürze. Wenn wir dieses Erlebnis wieder in Bewegung, in räumlicher Gestik ausdrücken wollen, können wir die zeitliche Länge als geweitet erleben, die zeitliche Kürze als ein Sich-Zusammenziehendes. Eine Atembewegung entsteht zwischen einem Sich-Ausbreiten und einem Sich-Zusammenziehen, zwischen Lösung und Stauung.

Das Wort *Feiger* beginnt also weit, gelöst, und endet in einer leichten Stauung, während das Wort *Gedanken* gestaut beginnt, in die Lösung übergeht und sich dann wieder leicht zusammenzieht. So empfinden wir also den Atemrhythmus der ersten Zeile:

Fei - ger Ge - dan - ken

Weite Lösung, leichte Stauung; stärkere Stauung, übergehend in Lösung und endend in leichter Stauung.

Wenn man das Gedicht so liest, kommt man in das Rhythmisch-Tänzerische der Sprache.

Wie anders zeigt sich z. B. die nächste Zeile:

Bäng - li - ches Schwan - ken

Die Lösung von *Bäng* ist nicht so weit wie die von *Fei*, da sich dasselbe Wort danach gleich zweimal zusammenzieht, eine doppelte Stauung, wodurch auch die Lösung von *Schwan-* nicht mehr so viel Kraft enthält. So hat jede Zeile, abhängig von Silbenschritt und Wortgestalt, ihren eigenen Charakter. Die Zeitgestalt des Rhythmischen führt uns in ein atmendes Erleben der Sprache.

3. Die Wortgestalt, Motivgestalt, Satzgestalt, die sinnvolle Betonung, die Farbigkeit der Sprache
Die Art der Bewegung: hell und dunkel, ausstrahlend oder Innenraum bildend

Jetzt richten wir uns auf die gedanklichen und die Gefühlsinhalte der Sprache und dasjenige, was sich als Willensimpulse darin ausdrückt. Dafür müssen wir auf die Satzgestalten, deren Motive und deren einzelne Worte blicken. Geführt von Sinn und Gefühlsinhalt der Sprache machen wir beim Lesen z. B. Zäsuren oder gar längere Pausen; oder wir verspüren an einer anderen Stelle das Bedürfnis zu beschleunigen. Der Aufbau unseres Gedichtes ist nicht sonderlich kompliziert und daher gut überschaubar. Beide Strophen sind jeweils aus einem ganzen Satz gebaut, die erste Strophe hat fünf Motive, die zweite vier.

Wie stehen nun die Motive untereinander in Beziehung, und wie beziehen sich schließlich die beiden Strophen aufeinander? Aus dieser Fragestellung heraus werden wir beim Lesen unsere Betonungen verschieden anbringen und geneigt sein, bei bestimmten Worten Akzente zu setzen. Hierdurch bringen wir eine seelische Nuancierung in die Sprache hinein; die Sprache erscheint nun nicht mehr nur als dahinströmend Bewegtes, sondern als farbig, seelisch Differenziertes. Die Bewegung ist nicht mehr an der Sprache, wie sie geformt erscheint, nur abzulesen, sondern unsere eigene Erlebnisinnenwelt wird angesprochen und reagiert im farbigen Hell/Dunkel, z. B. durch das Heben und Senken der Stimme. Auch hier wollen wir nur beispielhaft vorgehen und einzelne Aspekte dieser Art der Annäherung herausgreifen.

Die erste Strophe beginnt mit einer Aufzählung von drei Motiven, in denen schwächliche negative seelische Eigenschaften beschrieben sind. Erst danach kommen die beiden Schlußmotive des Satzes, die auf zwei Verben aufgebaut sind und beide Male in der Verneinungsform erscheinen. In den beiden Schlußversen wird also Stellung bezogen zu den drei Aufzählungsmotiven am Anfang.

Dies wird die Betonung des genannten Satzes beeinflussen. Die beiden Verneinungswörter *kein* und *nicht* erhalten einen Akzent. *Kein Elend* wird aber dunkler, *nicht frei* heller erlebt werden. – Man kann auch die sich reimenden Enden der beiden Strophen miteinander vergleichen. Es sei der Versuch gemacht, den Unterschied farblich zu charakterisieren: *nicht frei* kann ausstrahlender in helles Gelb getaucht erlebt werden, während *herbei* eher eine aufnehmende Gebärde in hellem Türkis hervorruft. Ähnlich, und sehr einfach zu empfinden, sind das verneinende und das bejahende Motiv der zweiten Strophe, die gerade durch ihre Gegensätzlichkeit einen starken Hell-Dunkel-Kontrast bilden: *Nimmer sich beugen, / Kräftig sich zeigen*. Farblich charakterisiert, ergäbe sich vielleicht ein dunkles Rotviolett gegenüber einem leuchtend flammenden Rot.

Auch der einzelne Laut tritt uns in seiner den sprachlichen Ausdruck färbenden Funktion entgegen. So rufen z. B. die Beginnvokale der ersten vier Verse der ersten Strophe – es sind nur sich wiederholende Diphtonge und Umlaute: *ei* und *ä* – einen gemischtfarbigen, eher unreinen Eindruck hervor. Lassen wir die Vokale der zweiten Strophe auf uns wirken, erhalten wir klare, leuchtende Farben. Hiermit wollen wir auch diesen Schritt abschließen. Tönung und Betonung geben der Sprache seelische Tiefe. Im farbigen Fluten lebt das Seelengewand jedes individuellen Gedichtes.

4. Das Gedicht als Gesamtgestalt. Das Verhältnis der Strophen zueinander
Die Art der Bewegung: entstehend aus der «Grundgebärde»

Wir müssen nun davon ausgehen, daß wir das Gedicht entsprechend den ersten drei Stufen studiert haben und auf seine Eigenheiten aufmerksam geworden sind. Im Verhältnis der beiden Strophen zueinander nehmen wir bei der ersten und zweiten Stufe z. B. wahr, daß beide mit einer Länge enden und sich die Schlußzeilen reimen. Hierdurch merken wir, wie stark die beiden Strophen gerade durch ihre jeweiligen Schlußzeilen, im Gleichklang des Reims, aufeinander bezogen sind. Bei der dritten Stufe nehmen wir wahr, wie die erste Strophe eine Spannung schafft, die in der zweiten Strophe gelöst wird.

Wenn wir nun die Frage nach der Grundgebärde des gesamten Gedichts stellen, kann uns das oben Wahrgenommene dabei behilflich sein. Vereinfacht können wir von einer Frage-Antwort-Gebärde sprechen. Hierin drückt sich nicht mehr nur ein seelisch Farbiges aus, welches gleichsam die Sprache farbig aufleuchten läßt und das Gedicht «ausmalt», sondern eine zusammenfassende Gebärde kommt zum Erleben. Die Seele selbst schafft eine Gebärde, so daß wir ganz berechtigt von einer Ich-Gebärde sprechen können. So sehen wir in der ersten Strophe den Menschen, der sich von den Inhalten seiner Seele gefangen erlebt, während er im Sich-Richten auf die Welt, im Handeln, von der Welt – hier im Bilde als «Arme der Götter» – aus seinen eigenen Fesseln befreit wird. Dieser speziellen Spannung, in der das Ich des Menschen sich erlebt, ist hier sprachlich-poetisch Ausdruck gegeben; darin erleben wir den Gehalt des Gedichtes.

Dieser kommt auch im Titel «Beherzigung» zum Ausdruck: Ein Aufruf, sich mutvoll der Welt zu stellen im Vertrauen auf die Hilfe der Götter. Wenn wir bei der dritten Stufe von einer seelischen Farbigkeit des Gedichtes gesprochen haben, können wir hier von einer moralischen Farbe sprechen: nämlich die Wirkung des Gedichtes auf unser Gemüt, der Nachklang, den es in uns hinterläßt. Dieser müßte dem Impuls nahekommen, aus dem das Gedicht entstanden ist.

Die Ich-Gebärde erfaßt die Intention des Gedichtes. Aus der Gesamtgestalt erhalten alle Einzelmotive ihre dem Ganzen untergeordnete Wertigkeit. Dies ist das Hauptkriterium für die sprachliche oder eurythmische Gestaltung.

Der Bezug zur Bewegung der menschlichen Gestalt im Raum

Wir haben gesehen – wenn wir innerhalb der vier Stufen auf den Aspekt der Bewegung achten –, daß wir von den äußerlichen Kriterien des Metrums über ein Verlebendigen desselben im Rhythmus, dann in ein Verinnerlichen der Bewegung im Farbigen und schließlich zu einem ganz aus der Verinnerlichung kommenden menschlichen Ausdruck gelangen.

So können wir auch die bewegte menschliche Gestalt im Raum differenziert ergreifen. Zunächst haben wir ein bloßes Zusammensacken der Gestalt in die Schwere und ein Sich-Strecken in die Leichte; auf der zweiten Stufe erscheint die Bewegung atmend, sich zusammenziehend und wieder ausbreitend, eingebettet in einen fortlaufenden Bewegungsstrom. Dann kann die Bewegung seelisch erlebt erscheinen: als gestreckt, durchstrahlt und hell (z. B. in Spannung, Freude, Erkenntnis) oder als gekrümmt und abgedunkelt (z. B. in Enttäuschung, Traurigkeit und Verzweiflung).

Und schließlich kann jede Bewegung sinnerfüllt erscheinen dadurch, daß sie ein Verhältnis ausdrückt: entweder ein bestimmtes Verhältnis des Menschen zu sich selbst oder zur Welt. Je nachdem, wie dieses Verhältnis ist, schließt sich die Gebärde mehr ab, widersetzt sich vielleicht sogar, oder aber öffnet sich in Hingabe.

So führt uns die Sprache selber über ihre Gesetze zu einem inneren «Sich-Gebärden».

III.
Die Urphänomene der eurythmischen Bewegung: Lichtatem – Wärmeatem – Lebensatem

DIE URGEBÄRDE DES BALLENS UND SPREIZENS UND DIE DREI URPHÄNOMENE DER EURYTHMIE

Werner Barfod

Im Goetheschen Sinne ist das Urphänomen der nicht mehr zu zergliedernde Grundstein eines natürlichen Ganzen. Durch die Bildekräfte entstehen differenzierte Metamorphosen des Urphänomens zu Urgebärden und Gestalten in der Welt der Erscheinungen. Im Folgenden soll beschrieben werden, wie die Urgebärde des Ballens und Spreizens aus drei Elementen aufgebaut ist, die der Mensch seelisch ergreifen und damit zu den drei Urphänomenen des eurythmischen Bewegens überhaupt kommen kann.

Die Bewegung im Räumlich-Zeitlichen

Jede Bewegung erscheint zunächst im dreidimensionalen Raum. Der Mensch erlebt die Qualität der Höhen-, Breiten-, Tiefendimension dadurch, daß er sich selbst im Raum erfährt:

- Das Unten-Oben wird «meine Aufrichte», in der ich mich zwischen Erde und Himmel erlebe.
- Das Links-Rechts wird «meine Umfassende», in der ich mich als Mittelpunkt zur umgebenden Welt erlebe.
- Das Hinten-Vorne wird «meine Wirkende», in der ich mich schreitend, handelnd mit der Welt verbinde.[10b]

Zwischen Vergangenheit und Zukunft erscheint die Bewegung in der Gegenwart.

Mit jeder Bewegung ist unlösbar die Zeit im Raum verwoben. Im Räumlichen erleben wir die zeitliche Qualität im ständigen Entstehen und Vergehen, im Werdenden und Sterbenden. Alles Lebendige hat Anteil am Zeitlichen, alles *Gestaltende* ist im Zeitlichen zu Hause; alles *Gestaltete* jedoch nur im Räumlichen. Es gehört das Räumliche prinzipiell der physischen Welt an, das Zeitliche ist mehr Ausdruck der ätherischen Welt.

In der Welt des Lebendigen kennen wir Kraftrichtungen verschiedenster Art. Für die Betrachtung des Ballens und Spreizens kommen drei Bewegungsrichtungen in Betracht: Nach oben zum Licht, nach unten zur Finsternis – die mit Materie verdichtet zur Erdenschwere wird – und die Richtung in den Umraum. Die Pflanze als Urbild des Lebendigen zeigt am reinsten ihre Verbindung nach unten zur Erdensubstanz in der Wurzel, ihre Verbindung zum Umraum im Blatt und ihre Verbindung zum Licht in ihrem Wachsen nach oben mit der Blüte als Krone.

Ausdruck der Seelenkräfte in Licht, Wärme und Luft

Wenn die Seele des Menschen sich verbinden will mit der Welt durch Denken, Fühlen und Wollen, eins werden will mit dem Umkreis, handeln will auf der Erde, dann braucht sie Licht, Wärme und Luft als notwendige Substanzen, um sich entfalten zu können.

Im Licht erlebt die Seele die göttliche Weisheit, ihren geistigen Ursprung. In der Wärme verbindet sich die Seele in Sympathie und Antipathie mit der Welt. In der Luft erfährt die Seele ihre irdische Verbundenheit mit der Stofflichkeit. Dreifach offenbart sich die Seele dadurch in der Welt.

Im *Denken* erfährt sich der Mensch in der Auseinandersetzung zwischen Licht und Finsternis, im *Fühlen* erlebt sich der Mensch zwischen Wärme und Kälte, und im *Wollen*, das mit dem lufterfüllten Raum sich auseinandersetzt, ist der Mensch zwischen Leben und Tod gestellt.

Das Denken kann sich in Illusionen oder in der Schwere, der

verdichteten Finsternis, im Zweifel verlieren. Es muß sich dazwischen zur Klarheit durchringen.

Das Fühlen kann sich ebenso in Sympathie (Liebe) oder in Antipathie (Haß) verlieren. Es ringt darum, sich in den Kräften des Umkreises im Gleichgewicht halten zu können.

Das Wollen lebt auf der Erde im Luftelement, in dem es sich machtvoll entfalten oder sich völlig verkrampfen kann. Dazwischen sich dynamisch zu halten, ist hier die Aufgabe.

Der Ich-Atem in der beseelten Bewegung durch Licht, Wärme und Luft

So wie jede willkürlich gestaltete Bewegung ist auch die Urgebärde des Ballens und Spreizens sowohl räumlich-zeitlich als auch seelisch-geistig Ausdruck des Menschen. Der Mensch ist in diesem räumlich-zeitlich-seelischen Bewegen in ständigem Wechselverhältnis tätig. Ein dreifaches Atemgeschehen des seelisch-geistigen Menschen mit seiner zeitlichen und räumlichen Natur wird erfahrbar. In der Bewegung wird dieses dreifache Atmen als Tätigkeit des Ich sichtbar im Verhältnis zu den Leibeshüllen. Die Urgebärde des Ballens und Spreizens offenbart sich als Wärme und Luft. Im Ballen und Spreizen als Urgebärde der Eurythmie kann man im Tun jeweils für eine der Komponenten stärker erwachen.

Das dem Licht-Finsternis-Feld Sich-Hingeben wollen wir synästhetisch «Lichtatem» nennen. Das Bewegen zwischen Wärme und Kälte als Umkreis wollen wir synästhetisch «Wärmeatem» nennen. Das Leben zwischen Zukunft und Vergangenheit wollen wir synästhetisch «Lebensatem» nennen: Es ist der Atem zwischen Leben und Tod, zwischen Zukunftsimpuls, Erfüllung der Tat, und der Vergangenheit – immer mit dem irdischen Raum und somit der Luft verbunden.

Jede eurythmische Bewegung hat diese Elemente wesensgemäß in sich enthalten; sie sind als Urphänomene in ihr integriert. Diese drei Urphänomene sollen als solche im folgenden beschrieben werden.

Im *Lichtatem* erscheint jede Bewegung zwischen Licht und Schwere. Die Richtung des Oben-Unten ist die Erscheinungsebene. Die Urgebärde des Ballens und Spreizens findet im Lichtatem ein Urphänomen, das in der Hinwendung zum Licht mit seiner peripheren Qualität sich nach oben weitet und in der Verbindung mit der Schwere zum Zentrum hin sich zusammenzieht. Im Lichtatem äußern sich die geistigen Kräfte der Höhe; die Gebärde zeigt damit ihren Grad des Durchlichtetseins, des Lichterfülltseins und wird dadurch unmittelbar qualitativ ausdrucksvoll erlebt. Die verschiedensten Qualitäten der Bewegung kommen zum Ausdruck: das Sich-Verlieren im Licht der Illusion oder aber das «Sich-in-ihm-halten-Können»: das «Sich-Verlieren» und das «Gelähmt-Erscheinen» im Stoff oder das «Sich-aus-dem-Gleichgewicht-in-ihm-halten-Können».

Es ist hier, so wie immer im Reich des Lebendigen, von dem Gegensatzpaar Licht und Schwere die Rede. Licht – Finsternis und Leichte – Schwere sind jeweils Polaritäten; der gesteigerte Gegensatz Licht – Schwere zeigt die Beziehung bis hinein in den Stoff. Durch die Verbindung von Licht und Schwere ragt das Geistige, die Kraft der Höhe, bis hinein in den Stoff. Das ist zugleich die Grundlage für eine lebenserfüllte Bewegung. Die Pflanze wächst zwischen Licht und Schwere; das ist die Grundlage der ätherischen Ebene.

Das menschliche Denken ist die Tätigkeit des Ätherleibes, die sich am Gehirn spiegelt. Das Licht des Bewußtseins ist mit dem zentralen Nervensystem aufs engste verknüpft.

Wir haben nur Bewußtsein vom reflektierten, gespiegelten Gedanken.[11]

Mit dem eurythmischen Bewegen aus der Qualität des Lichtatems heraus ist immer ein intentionales, ein wachbewußtes Ergreifen der Gebärde verbunden, das wir auch mit dem Schlüsselwort: «Im Hinblick auf . . .» charakterisieren können. Damit offenbart die eurythmische Gebärde ihre Beziehung zum Licht.

Das Urphänomen des «Wärmeatems»

Jede Bewegung lebt in ihrem Ausdruck seelisch zwischen Wärme und Kälte. Der Wärmeatem äußert sich durch die Bewegung in einem rhythmischen Fühlen zwischen innen und außen. Hier liegt die Verbindung zur Urgebärde des Ballens und Spreizens offensichtlich ganz nahe. Das Heraustreten in die Welt im «Spreizen» und das Sichbeziehen auf sein eigenes Interesse im «Ballen» spricht für sich. Das von Sympathie erfüllte Wärme-Empfinden strömt mit der Gebärde heraus, und die Kälte von außen läßt die Gebärde sich zurückziehen. Der Ausdruck des Geballten ist zugleich der der Isolation gegenüber der Welt: das «In-Kälte-auf-sich-gestellt-Sein».

Im Wärmeatem sind die Kräfte des Umkreises wirksam. Auch hier handelt es sich um ein Streben nach Gleichgewicht: zwischen dem Sich-Verlieren in Geisteslust, dem Ausfließen in Sympathie, und dem Sich-Verlieren im Leid, den Schmerz genießend, sich isolierend.

Wärme und Kälte bilden die Basis für alles Seelische wie Licht und Schwere für das Geistige. Das menschliche Fühlen ist die Tätigkeit des Astralleibes, die sich an den Seelengliedern spiegelt. Hier sprechen wir mehr von einem träumenden Bewußtsein, das als Ausdruck des Astralleibes mit dem Rückenmarknervensystem verbunden ist.[12]

Für das eurythmische Bewegen aus der Qualität des Wärmeatems handelt es sich immer um Beziehungen, Verhältnisse, Proportionen, die geschaffen werden im unmittelbar sichtbaren Ausdruck. Wir können es mit dem Schlüsselwort: «Im Verhältnis zu . . .» charakterisieren. Damit offenbart die eurythmische Gebärde ihre Beziehung zwischen Mittelpunkt und Umraum.

Das Urphänomen des «Lebensatems»

Das dritte Urphänomen ist der *Lebensatem*. Jede Bewegung lebt gezielt – bewußt oder unbewußt – zwischen Vergangenheit und Zukunft. Genau genommen: der Impuls kommt aus der Zukunft, dem Ziel, und die Bewegung erscheint sichtbar in der Gegenwart.[13]

Im Ankommen ist der Impuls erfüllt und somit Vergangenheit. Die

Bewegung erlischt und wird zur Haltung. Die Bewegungsebene erscheint als ein dynamisches Geschehen zwischen hinten und vorn als Grundrichtung. Es strebt das Leben nach vorne, von der Zukunft angezogen, und das Ersterben strömt alternd aus der Vergangenheit, es läßt erstarren. Auch der Lebensatem ist natürlich mit der Urgebärde des Ballens und Spreizens verbunden. Jeder Bewegung ist ein dynamischer Impuls des Entstehens, Werdens, Aufblühens und Wieder-Vergehens eigen. Es ist der Ausdruck des Wollens in der Bewegung. Das Wollen gehört als Tätigkeit der Seele ganz den Kräften der Erde an, es geht in den Leib hinein, dem dann der Prozeß der leiblichen Bewegung folgt. Die Tätigkeit der Seele erstirbt in der materiellen Betätigung des Leibes. In seiner Verbindung mit dem Leiblichen ist das Wollen ganz in die Zeitlichkeit hinein gebannt. So kann der Mensch auch nur durch Entwicklung sein Wollen mit Denken durchdringen. Damit aber erhebt er das, was im Wollen geboren wird, aus der Zeitlichkeit hinauf in die Sphäre der Ewigkeit; er erlöst das Wollen aus dem Leib.[14]

Die eurythmische Bewegung hebt das Wollen ins Zeitgeschehen, ins Ätherische des Bewegungsstromes. Die Willensbewegung wird durch die Durchlichtung mit dem Denken zum Träger der Sprache, zur sichtbaren Sprache. Die Intentionalität greift in die Bewegung ein. Hier liegt das geheimnisvolle Ineinandergreifen von Lichtatem und Lebensatem. Durch das Durchlichten der Bewegung wird der im Leib gehaltene Wille fließend. In die ätherische Bewegung kann Werdendes eingreifen. Geistiges erscheint am Leiblichen.

Die Gleichgewichtsuche hängt hier mit Geistesgegenwart zusammen. Wir befinden uns auf der Ebene des Ich des Menschen. Leben und Tod bilden die Basis des Ich, um sich auf der Erde zu inkarnieren. Im Lebensstrom sich mitreißen lassen, birgt die Gefahr der Geistesübermacht in sich. Der Gegenpol läßt den Menschen im Nichts sich verkrampfen. Das Gleichgewicht ist dann zum Todespol hin gestört. Wir haben es hier mit einem schlafenden Bewußtsein zu tun, das mit den Nervenbahnen des Sonnengeflechts verbunden ist.[15]

Für das eurythmische Bewegen aus der Qualität des Lebensatems heraus handelt es sich immer um ein Überwinden von Materiellem, damit das Physische im Ätherischen erscheinen kann. Charakterisiert wird die Qualität des Lebensatems durch das dritte Schlüsselwort: «Im Überwinden von ...» Damit offenbart die Gebärde ihre existentielle Aussage.

Alle drei Urphänomene sind in jeder eurythmischen Bewegung qualitativ enthalten. Schult man sich, die einzelne Qualität zu gestalten bzw. wahrzunehmen, ergibt sich in einer neuen Sicht auf die Quelle der Eurythmie ein erstaunlicher Reichtum in deren einzelnen künstlerischen Mitteln.

DIE DREI URPHÄNOMENE DER EURYTHMIE AN PRAKTISCHEN BEISPIELEN

Alexander Seeger

Man versuche, sich die folgende Situation vorzustellen: Der Griff zur Türklinke wird heruntergedrückt, die Tür geöffnet. Nachdem die Klinke losgelassen wurde, wird nach dem Lichtschalter an der Wand getastet. Das aufflammende Licht beleuchtet eine zurückgelassene schriftliche Nachricht am Boden. Freudig wird sie ergriffen und zum Lesen herangehalten.

Dieses Beispiel, das einem zunächst unbedeutend in seiner Einfachheit und Alltäglichkeit erscheint, zeigt dem Betrachter erstens eine Aneinanderreihung von Bewegungen im Raum und zweitens Gebärden, die jeweils ein bestimmtes inneres Verhältnis der Seele zur Welt sichtbar machen.

Des Menschen Leib ist in die Gesetzmäßigkeiten des physischen Raumes gestellt. Durch die darin herrschende Dreidimensionalität werden die Bewegungen bestimmt. Sie weisen immerfort auf ein neues Verhältnis von oben – unten, rechts – links und vorne – hinten. So schwingt die Hand z. B. herauf und herunter, nach rechts oder links, greift aus oder wird wieder zurückgezogen.

Ein schematisches Abbild dieser Raumesrichtungen wäre:

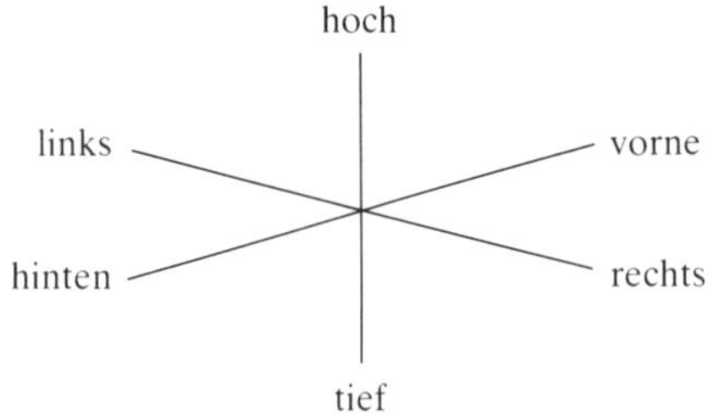

Das Leben der Seele in der physischen Leiblichkeit kann einem erst dann verständlich werden, wenn die «Bildekräfte», die in den Raumesrichtungen wirksam sind, mit in die Betrachtung einbezogen werden. Rein mechanisch ist es das bloße «Herauf» und «Herunter» etc. einer Bewegung. Der Kampf, die Auseinandersetzung der Seele mit z. B. den «Kräften der Höhe» oder den «Kräften der Tiefe» macht das Wesentliche aus. Erst das Gespräch, der *Atemprozeß* zwischen den Polaritäten, erscheint im Raume als beseelte oder durchgeistigte Bewegung. Ein Atemprozeß ist es deswegen, da fortwährend um ein Gleichgewicht gerungen wird. Es ist ein immerwährendes *Werden*.

Der «Lichtatem» im Oben – Unten

Ein kurzer Blick auf den morphologischen Bau des Menschen kann uns zeigen, mit welchen Kräften es die Seele hier zu tun hat.

«Die menschliche Hauptesbildung ist so, daß sie auf der einen Seite zeigt, wie sie herausgeboren ist aus dem Kosmos, in welchem es keine Schwere gibt, aber sich eingliedert in dasjenige, was den menschlichen Leib beherrscht von der Geburt bis zum Tode, in die wirksamen Kräfte der Schwere.»[16]

So unterliegt im menschlichen Organismus das Bewegungssystem am meisten der Schwerkraft. Schaut man darauf, so sieht man, «wie der Mensch durch die Kraft seiner Seele fortwährend die Schwerkraft überwindet.»[17]

Was sich elementar bei jeder Bewegung im Alltag nur wenig loslöst vom Irdischen, wird in der eurythmischen Bewegung versucht, «völlig freizumachen von dem Irdischen.»[18] So wird «in jeder einzelnen eurythmischen Geste gewissermaßen bekräftigt: Ich trage in meinem Erdenmenschen einen himmlischen Menschen.»[19]

Hier zeigt sich die folgende Polarität:

Aus der Höhe strömt uns das Licht entgegen, seine Wirksamkeit hier auf Erden entfaltend. Doch selbst in dem Licht, in der lichtvollen Weite des «Kosmos» kann sich der Mensch verlieren. In der hingebungsvollen Betrachtung der tiefen Bläue des Himmels wird die

Seele von ihr aufgenommen. Der Pilot, in den höchsten Höhen fliegend, kennt diese Versuchung des Aufgenommenwerdens als die «Saugkraft» des Lichtes!

Dieser Schwerelosigkeit des Kosmos steht, wie oben beschrieben, die Tiefe, *die Wirksamkeit der Schwere* polar entgegen.

Der «Wärmeatem» im Rechts – Links

Die Rechts-Links-Wirksamkeit am Menschen erscheint für unser Auge als eine symmetrische Ordnung. Beine, Arme, Brustkorb und das Haupt weisen auf eine vertikale Symmetrieachse, die den Körper durchzieht. Doch eine geheimnisvolle Antinomie lebt darin verborgen, denn kein Glied, keine Gesichtshälfte gleicht der anderen. Deutlicher wird diese Asymmetrie in der Symmetrie, wenn man auf die unterschiedlichen Kräftewirksamkeiten im Menschen schaut.

Das folgende Zitat Rudolf Steiners blickt auf die Beziehung zwischen Lautsprache und Bewegung.

«Daraus geht diese wichtige Erkenntnis hervor, daß dasjenige, was das Kind hineingießt als Erlebnisse seiner Seele, von Impulsen seiner Seele in die Gebärden des rechten Armes, der immer mehr sich bewegt als der linke [!], in einer inneren Verbindung steht mit dem, was sich in der linken Gehirnhälfte ausbildet.»[20]

Rudolf Steiner weist auf das Phänomen hin, wie beim Kind die rege Willensbetätigung des rechten Armes das Sprachzentrum in der linken Gehirnhälfte mit ausbildet. Das Organ, wodurch die impulsierte Seele in eine *aktive* Weltbeziehung eintreten kann, ist z. B. der rechte Arm. Alles in unserer Kultur ist auf diese Rechtshändigkeit hinorientiert.

Im «rechten» Menschen haben wir die Willensentfaltung, sie teilt sich als Wärmeprozeß der Welt mit; oder die Seele lebt durch die Willensäußerung in *Sympathie* mit der Welt. Taucht in der Seele die *Kraft der Antipathie* auf, «erkaltet» in den Gliedern der Wille. Die Welt wird durch die Seele abgewiesen.

Die Welt der fühlenden Seele, die ihren Ausdruck durch die linke

Seite, die Herzensseite, des Menschen findet, ist ebenso der Verhältnissuche zwischen den Kräftewirkungen von *Sympathie* und *Antipathie* unterworfen. Sie schwankt allzu leicht zwischen Gefühlswärme und Gefühlskälte.

Der «Lebensatem» im Vorne – Hinten

Wie Tag und Nacht unterscheiden sich Vorder- und Rückseite des Menschen. Die «Klarheit des Tages» empfindet die Seele beim Gebrauch der Gesichtssinne. Durch die Sinnesorganisation kann sie wach in die Welt eindringen. Die Welt wird punktuell vom Blick erfaßt; durch die Hand ein Gegenstand unter vielen herausgegriffen; der Schritt erobert sein Ziel in der Welt.

Die «Dumpfheit der Nacht» berührt die Seele, wenn sie sich erlebnismäßig dem Rücken, dem hinteren Raum zuwendet. Nur das Gehör vermittelt ihr einige Sicherheit. Ein Ruf, ein Geräusch ist schwer zu lokalisieren, denn die Wahrnehmung ist peripher. Tastend kann die Seele erahnen, was hinter ihr liegt.

Hinter einem liegt dasjenige, was geworden ist, vor einem das, was wird: Vergangenheit und Zukunft. Der Anfang unserer Vergangenheit: die Geburt auf Erden. Der Tod liegt in der Zukunft als Ende unseres Erdendaseins.

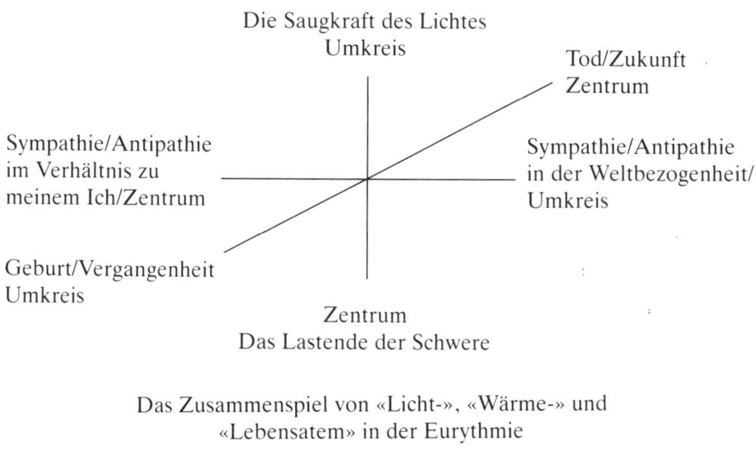

Das Zusammenspiel von «Licht-», «Wärme-» und «Lebensatem» in der Eurythmie

Das Leben eines Menschen ist ein großer Atemzug, der durch Geburt und Tod begrenzt wird.

Aus dem Zustand der Ewigkeit taucht die Seele durch die Geburt in einem Leib in den Strom der Zeit und wird wiederum mit dem Ablegen der Leiblichkeit zur Ewigkeit zurückgeführt. Geburt und Tod sind die Pforten, durch die die Seele von einem Seinszustand in einen anderen gelangt. Der Mensch ist mit dem Eintauchen der Seele in den Zeitenstrom dem Pendelschlag von «Geborenwerden» und «Sterben» ständig ausgesetzt. *Leben* und *Tod* sind in der Zeit als polare Kräfte wirksam.

Die eurythmische Bewegung fordert die Polarität als Gestaltungsmittel. Aus dem Zusammenspiel der Kraft und ihrer Gegenkraft entsteht die lebendige Gebärde. In der bewußt geführten Bewegung wird die Polarität zum geeigneten Werkzeug der Seele.

So hat jede eurythmische Bewegung die Elemente des «Licht-», «Wärme-» und «Lebensatems» wesensgemäß in sich enthalten. Die Seelengeste, ein Laut oder, in einem größeren Zusammenhang gesehen, ein Gedicht bergen in sich das Ineinanderspielen dieser drei Uratemprozesse. Will der Eurythmist *übend* sich ihnen zuwenden, können aus methodischen Gesichtspunkten heraus diese drei auseinandergelegt und das herausgelöste Teil beispielhaft als eine Ganzheit betrachtet werden. An der Seelenpolarität *Heiterkeit* und *Schmerz* werden diese drei «Urphänomene» der Seele gesondert zur Anschauung gebracht.

«Lichtatem» im Verhältnis zu «Heiterkeit» und «Schmerz»

«Wir müssen ein Bewußtsein dafür haben, daß hinter der physischen Welt eine geistige ist und daß das, was uns ... erscheint als Lachen und Weinen, ..., uns dann erscheint als die lichte Heiterkeit des Himmels auf der einen Seite und auf der anderen Seite als die finstere, bittere Traurigkeit der Hölle.»[21]

Bei Kindern ist in besonders reiner Form die äußere Bewegung der Glieder Ausdruck einer inneren Seelenregung. Die Heiterkeit erscheint nicht nur wie beim Erwachsenen als ein leichtes Aufhellen der Gesichtszüge, sondern als ein mächtiges Erstrahlen des ganzen Menschenwesens!

Die zurückgehaltene Willensäußerung beim Erwachsenen wird beim Kinde zu einer ausgelassenen. Die kleine Gestalt wird umfassend ergriffen. In der Leichtigkeit tanzen die Glieder. Das Kind ist «ausgelassen» oder «außer sich» vor Freude.

Der Eurythmist hat die Aufgabe, dieses Naturgeschehen in ein künstlerisches zu verwandeln. Künstlerisch befriedigend wird es erst, wenn man direkt an den *Ort* gelangt, an dem der Quell der Freude oder Heiterkeit sich befindet:

Menschenkundlich formuliert Rudolf Steiner den Vorgang als ein «Hinausführen des Ich über die Umgebung», als einen «Sieg des Oberen über das Untere».[22]

Wie das Kind uns vorgeführt hat, atmet die Seele in den oberen Raum hinein. Sie ist «aus-gelassen», «außer sich» vor Freude. Diese Gebärde weist einen hohen Grad von Durchlichtetsein auf.

Der Eurythmist muß nun bewußt durch sein Instrument zeigen, wie die Seele die Schwere überwindet und in der Leichtigkeit erscheint, indem er sich seelisch mit den «Kräften der Höhe» verbindet, den intentional gegriffenen «Lichtraum» bis in die Fußspitzen wirken läßt.

So wie dann die Heiterkeit zum Ausdruck kommt, kann man dies als das bewußte Ergreifen der *einen* Seite des «Lichtatems» bezeichnen.

Selbstverständlich wird im künstlerischen Tun «frei» mit diesem Urphänomen umgegangen. Denn die ausgelassene «Heiterkeit» könnte z. B. modifiziert als bloß angedeutetes «Lächeln» erscheinen. «Lächeln» kann die Gebärde nah an der Gestalt in der mittleren Zone. Doch die Seele wird immer, wie oben beschrieben, sich in den zum Licht hin tendierenden Atem hineinstellen müssen.

Wenig braucht es im Seelenleben des Kindes, um von den Höhen der Heiterkeit in die Tiefen des Betrübtseins zu fallen. Beide Seiten: «Himmelhoch jauchzend, zu Tode betrübt»[22a] können in einem Atemzuge eines seelisch erregten Kindes liegen.

Der Schmerz «be-drückt» das Kind. Es beugt sich unter der Last oder läßt sich gar zu Boden fallen.

«Ein ratlos Fliehn
todwilder Wehgedanken
(...)
... stürzen endlich
wie vom Blitz zur Erde,
(...)
Und, der sie hegt, dein Leib
er will mit ihnen
zu Boden stürzen –
Ah! ... Aufbrennt das Mal
umschnürter Brust...
Du stöhnst... Mit starren Mienen
erträgst du weiter
deines Loses Qual.»[23]

Christian Morgenstern hat den Schmerz, so wie er hier, unter dem *einen* Gesichtspunkt – nämlich des «Lichtatems» – beschrieben wird, künstlerisch in seiner Dichtung «Vor Michelangelos Sklaven» zum Ausdruck gebracht.[23]

Wie kann man nun, um Schmerz künstlerisch Form zu geben, den «Lichtatem» anwenden?

Es gilt, aus dem Zusammengepreßtsein der Seele und aus dem Der-Schwere-Ausgeliefertsein die Gebärde zu gestalten. Der hier wichtige Aspekt ist das Sich-Identifizieren mit den «Kräften der Tiefe». Die Seele zieht ganz in die Leiblichkeit ein und fühlt die Schwere der Glieder. Sie gibt sich hin im Erleben der Schwerkraft.

Die leibgebundene Seite des «Lichtatems» steht polar zu der seelischen Ausatmung in die «lichte Heiterkeit des Himmels».[24]

So wie im «Lichtatem» die Seele sich durch das Instrument auf die Kräfte der Höhe und die der Tiefe bezieht, wird im «Wärmeatem» ein seelisches Verhältnis in der Bewegung sichtbar zwischen dem Umkreis und meinem Zentrum.

Die Polarität von Wärme ist die Kälte. Wärme und Kälte als Bezeichnungen von Seelenstimmungen sind als Sprachbilder im Volksmund weit verbreitet. Aussprüche wie «ein heißer Typ», «die läßt mich kalt», «vor Begeisterung glühen» oder «mit kalter Verachtung» sind zahlreich zu finden. Sie deuten alle auf das Gegensatzpaar Sympathie/Antipathie. «Begeisterung» und «Verachtung» drücken bereits Sympathie bzw. Antipathie aus. Durch die dem Wärmesinn zugehörenden Adjektive werden sie verstärkt. Die Sprachbilder zeigen, daß Sympathie und Antipathie ursprünglich mit dem «Wärmeatem» verbunden sind. Man spricht ja auch von Gefühlskälte etc.

In der eurythmischen Gebärde sind Sympathie und Antipathie nicht mehr Ausdruck einer eigenen persönlichen Empfindungstendenz. Beide werden gleichsam Wahrnehmungsorgane. Durch sie lassen sich die Verhältnisse zu den Vorgängen und Dingen in einem selbst wie zu den Vorgängen und Dingen zur Welt wahrnehmen. In der Bewegung, die zur Gebärde hinführt, erscheinen gerade diese bewußt gemachten Verhältnisse. Das Urbild der sympathischen Weltbezogenheit in der Bewegung ist die sich spreizende Gebärde. Die Seele öffnet sich in Verwunderung und verbindet sich hingebungsvoll mit der Umwelt. Die Seele ist im Spreizen eins mit der Welt.

Ein Sich-Abkapseln von der Welt durch Antipathie vermittelt die zusammenschließende Gebärde.

Das Erleben von Sympathie und Antipathie läßt sich aber erweitern und differenzieren.

Das Abschleudern der Glieder ist auch eine spreizende Gebärde. Hier ist sie zu einer Antipathiegeste geworden. Das seelische Erleben hierzu kann ein Abweisen, Abschütteln oder eine Reaktion aus Abwehr sein. Selbst im Gebärdenausdruck der Freude lebt ein leichtes Abschleudern der Glieder.

Die ballende Gebärde wird hingegen eine Sympathiegeste, wenn das Verhältnis der Weltbezogenheit zu einer Selbstbezogenheit wird. Das Abkapseln wird zum wohligen Befinden in einer wärmenden Umhüllung.

Werden von diesem Gesichtspunkte aus die Seelenregungen «Heiterkeit» und «Schmerz» betrachtet, so zeigt sich auch hier in der Bewegung immer ein Doppeltes: das Verhältnis von Sympathie und Antipathie einerseits des Menschen zu sich selbst, andererseits des Menschen zur Welt.

Einige Zitate aus dem bereits oben zitierten Vortrag werden diese Tatsache beleuchten.

«Daß das Lachen in einer gewissen Weise ein Ausdruck der Egoität ist, ... [ist] darauf zurückzuführen..., daß der Mensch sich erhaben fühlt über seine Umgebung...»; «...man darf nicht in abstracto alle Egoität, dieses Sich-Aufplustern verdammen, denn das Lachen kann sehr gesund sein, wenn es den Menschen stärkt in seinem Selbstgefühl...». Das Weinen dagegen bedeutet ein «Kleinerwerden..., ein Sich-auf-sich-selbst-Zurückziehen» und ein innerliches Sich-schwach-Fühlen gegenüber dem empfundenen Schmerz erfolgt. Beim Weinen sucht sich der Mensch «innerlich stark zu machen, weil er sich äußerlich schwach fühlt. Und er fühlt dann diese innerliche Stärke dadurch, daß er etwas kann, nämlich die Tränen hervorbringen. Und immer ist ein gewisses Gefühl der Befriedigung (...) mit dem Hervorbringen der Tränen verbunden.»[25]

Heiterkeit

Wir sehen, wie oben zitiert, aus der Seelengeste «Heiterkeit» eine Antipathie zur Welt hervorgehen, ein Sich-Erheben über alles Niedrige, und zugleich eine Sympathie, die als ein verstärktes Selbstgefühl der eigenen Person zu verstehen ist.

Die Gebärde führt von einer im Verhältnis zur Welt sich antipathisch zurückziehenden Bewegung sofort über in eine in Sympathie zu sich selbst; in eine schmal nach oben sich lösende Bewegung. In der lösenden Bewegung weitet sich von innen heraus das sich erstarkende Selbstgefühl. Das, was im eben Beschriebenen ein Nacheinander zu sein scheint, ist aber ein in der *Gleichzeitigkeit* bewegtes Verhältnis von Antipathie und Sympathie.

Schmerz

In der Seelengeste «Schmerz» wirkt eine zweifache Antipathiegebärde: eine zur Welt und eine zu sich selbst. Diese doppelte Antipathie, die sowohl nach außen wie auch nach innen gerichtet ist, gibt dem Ausdruck des Schmerzes die benötigte Spannung. Die Gebärde erscheint wie in Erstarrung zusammengezogen.

Am Anfang des bereits oben erwähnten Gedichtes von Christian Morgenstern wird diese zweifache Antipathiegeste künstlerisch in der Sprache ausgedrückt.

«Du bist der Schmerz,
der fremde Augen meidet,
der, übertief,
die eignen Augen schließt
du bist der Schmerz,
der ohne Tränen leidet,
weil sich ihr Strom
nach innen stumm ergießt.»[26]

Weinen

Die Geste «Weinen» soll Sympathie mit sich selbst ausdrücken. Eurythmisch wird daher die erstarrte Gebärde «Schmerz» gelöst – fließend. Es ist zugleich ein Sich-Abschließen von der Welt und ein bewegtes inneres Erfülltsein.

In der sich ballenden Gebärde wird ersichtlich, wie die Seele zu sich kommt und erstarkt.

Besonders schön hat Goethe dies im ersten Teil («Nacht») seiner Dramendichtung «Faust» formuliert: «Die Träne quillt, die Erde hat mich wieder!»

Der «Lebensatem» ist die Gleichgewichtsuche zwischen Leben und Tod, zwischen Zukunft und Vergangenheit. Die Eurythmie will das Zeitgeschehen in der Bewegung zu einem wachen und differenzierten Erleben bringen.

Im Vortrag vom 23. März 1913 über «Das differenzierte Erleben im Ätherischen»[27] beschreibt Rudolf Steiner das dreifache Zeiterleben des Ätherleibes:
– der Ätherteil des Kopfes durchdringt den Menschen von oben und hat Beziehung zur Vergangenheit;
– der Ätherstrom, der den unteren Menschen, den Gliedmaßenmenschen ergreift und formt, zeigt Beziehung zur Zukunft;
– der mittlere Ätherteil des Menschen sucht sein Gleichgewicht zwischen Vergangenheit und Zukunft in der Gegenwart.

Für das eurythmische Bemühen ist das *innere* Zeiterleben dieser drei Ätherteile von Bedeutung. Der Ätherleib des Kopfes weist ein Erleben auf, «wie eine Erinnerung an eine urferne Vergangenheit, aus der man den Strom der Zeit mit hereingenommen hat in die Gegenwart . . .»

In dem mittleren Teil des Ätherleibes hat man das Gefühl, daß man «im wesentlichen genau mitschwimmt mit dem Strom der Zeit.»[28]

Das innere Erleben des dritten Teils des Ätherleibes, ist ein «Sich-Stemmen» gegen die Zeit, «die heranrückt, die gleichsam aus der Zukunft uns zufließt.»[29]

Zusammenfassend läßt sich sagen, es gibt:

Ein «Mitnehmen der Zeit» als Ausdruck der Vergangenheit in der Bewegung.

Ein «Mitschwimmen mit der Zeit» als Ausdruck der Gegenwart in der Bewegung.

Ein «Sich-gegen-die-Zeit-Stemmen» als Ausdruck der Zukunft in der Bewegung.

Das innere Zeitempfinden des «Mitnehmens der Zeit» tritt in unsere Seele, wenn die uralten Märchenworte «Es war einmal . . .» erklingen. Als innere Stimmung durchzieht es auch Goethes Gedicht

«Der König in Thule»: der Erzähler greift in den Erinnerungsstrom hinein und verbindet sich damit. (Die besondere Angabe Rudolf Steiners zu diesem Gedicht: «... in jeder Hand ein grünes flatterndes Schleiertuch»[30] veranschaulicht dieses «Mitnehmen der Zeit».)

«Es war ein König in Thule
Gar treu bis an das Grab,
Dem sterbend seine Buhle
Einen goldnen Becher gab.»[31]

Der Ausdruck der Vergangenheit in der Bewegung kann auch qualitativ in der lyrischen Dichtung erscheinen. Goethes Gedicht «Meeresstille» zeigt dieses innere Zeitempfinden:

«Tiefe Stille herrscht im Wasser,
Ohne Regung ruht das Meer,
Und bekümmert sieht der Schiffer
Glatte Fläche rings umher.
Keine Luft von keiner Seite!
Todesstille fürchterlich!
In der ungeheuern Weite
Reget keine Welle sich.»[32]

Oder auch das folgende Beispiel aus einem Gedicht von Joseph von Eichendorff:

«Die Luft ging durch die Felder,
Die Ähren wogten sacht,
Es rauschten leis die Wälder,
So sternklar war die Nacht.»[33]

Die fühlende Seele verbindet sich mit den Vorgängen der Welt, indem sie sich mitnehmen läßt von deren Bewegung.

Goethes «Prometheus» sei als Beispiel angeführt für das dritte innere Zeitempfinden, das «Sich-gegen-die-Zeit-Stemmen». Goethe konnte diese Gestalt nicht ohne den Widerstand gegen die Götter erleben:

«Bedecke deinen Himmel, Zeus,
Mit Wolkendunst!

Und übe, Knaben gleich,
Der Diesteln köpft,
An Eichen dich und Bergeshöhn!»[34]

Die dramatische Form des Gedichtes «Prometheus» erleichtert einem das Empfinden des «Sich-gegen-die-Zeit-Stemmens».

Ein viel differenzierteres Hinhören verlangt Goethes Gedicht «Epirrhema». Auch hier lebt durch die Bewegung ein leichtes, zartes «Sich-gegen-die-Zeit-Stemmen».

«Müsset im Naturbetrachten
Immer eins wie alles achten;
Nichts ist drinnen, nichts ist draußen:
Denn was innen, das ist außen.
So ergreifet ohne Säumnis
Heilig öffentlich Geheimnis.»[35]

Schauen wir vom Gesichtspunkt der von Rudolf Steiner beschriebenen dreifachen inneren Erlebnismöglichkeit der Zeit beim Ätherleib auf die «Zeitlichkeit» von «Heiterkeit» und «Schmerz»:

Heiterkeit

Die Frische der Bewegung zur Seelenstimmung «Heiterkeit» erscheint uns wie von der Zukunft impulsiert; es fließt einem gleichsam etwas aus der Zukunft zu. Doch ist es weniger ein «Sich-Stemmen gegen die Zukunft» – dies wäre zu gewalttätig – als vielmehr ein schnelles «Sich-der-Zeit-Entledigen» so, wie es in dem oben erwähnten Vortrag als ein Zeiterleben aus dem Zukünftigen beschrieben wurde. Das «Entledigen» kommt mehr aus einer seelischen Leichtigkeit heraus. Es ist ein Abweisen, ein «leichtes Ausstoßen», ein «Zurückspiegeln» der Zeit. Die Heiterkeit, die schnell auch ins «Lachen» überschlagen kann, weist eine gewisse Schärfe auf. Ihre Erregung erscheint in der Bewegung im Vibrieren der Fingerspitzen. Da, an den äußersten Gliedern der Hand, geschieht das vielfältige «Entledigen der Zeit». Dieses Abschütteln ist auch Ausdruck rhythmisierter Kürzen. Daß «Heiterkeit» aus dem Zeitelement der Kürze impulsiert wird, darauf weist Rudolf Steiner in dem Vortrag über «Lachen und Weinen»:[36]

«Wenn Sie das Atmen des Weinenden beobachten, so werden sie sehen, es besteht im wesentlichen in einem langen Ausatmen und in einem kurzen Einatmen.

Umgekehrt ist es beim Lachen: einem kurzen Ausatmen entspricht ein langes Einatmen.»[36]

Schauen wir noch kurz auf die steigenden und fallenden Rhythmen in diesem Zusammenhang: Der steigende Rhythmus verbindet sich mit der Seelengeste «Heiterkeit» oder «Lachen»; der fallende Rhythmus verbindet sich mit der Seelenstimmung des «Schmerzes» oder des «Weinens».

Schmerz

Hat man in der Bewegung dieses «Lang-Kurz», herrscht also die Länge vor, so fällt es leicht nachzuempfinden, wie im Schmerz das innere Erleben des Ätherleibes so ist, als ob man den Strom der Zeit mit hereingenommen hätte in die Gegenwart.

Im «Lichtatem» lebt die Seele zwischen *Licht* und *Schwere* bzw. Geist und Materie.

Im «Wärmeatem» lebt die Seele zwischen *Wärme* und *Kälte* bzw. Sympathie und Antipathie.

Im «Lebensatem» lebt die Seele zwischen *Leben* und *Tod* bzw. Vergangenheit und Zukunft.

IV.
Die Ätherwelt als Grundlagc dcr eurythmischen Bewegung

DIE ÄTHERWELT ALS GRUNDLAGE DER EURYTHMISCHEN BEWEGUNG

Werner Barfod

Die Grundforderung, das Physische in der eurythmischen Bewegung so erscheinen zu lassen, als wäre es Ätherisches, entspricht dem ersten Schritt der Initiation bzw. der ersten Situation auf dem nachtodlichen Weg der Geist-Seele, so wie Rudolf Steiner ihn beschreibt in dem Vortrag vom 1. Mai 1915. Das Astralische stützt sich idealiter auf das Ätherische ab, wenn es ichgeführt erscheint. So wird Seelisch-Geistiges in der Bewegung als sichtbar gewordene Denkbewegung im Raum zur sichtbaren Sprache der Eurythmie; Lichtatem und Lebensatem greifen ineinander.

Das Wollen richtet sich im Nachtodlichen zunächst auf die Umgebung; das Eintauchen in die Dinge schafft ein fühlendes Ausleben im Umkreis. Genauso wird in der eurythmischen Bewegung der Wille nicht zur physisch handelnden Bewegung im Raum verwendet. Die Bewegung in der Eurythmie dient keinem räumlichen Ziel, sondern richtet sich einzig auf das Zeitliche, das Werdende, das durch die Begegnung der Seele mit der Welt gefühlt wird in der eurythmischen Gebärde.

Das Eintauchen in das erlauschte Wort, den gehörten Ton fordert dazu auf, mit dem Willen in den Umkreis einzudringen, selber zum Organ zu werden, zu verschmelzen mit dem in der Seele Aufgenommenen, um schließlich aus diesem heraus zu handeln. Dadurch erscheint die belebte Bewegung mit dem Umkreis verbunden. Durch Schulung erscheint die Bewegung um eine Stufe erhöht als Träger des Seelisch-Geistigen. Sie wird als Willensbewegung zum Träger der Sprache; sie wird zur sichtbaren Sprache.

Im Zusammenhang mit dem lebendigen, menschlich-eurythmischen Instrument des Leibes, der Seele und des geistig-kosmischen Umkreises – also dem ganzen Menschen – klingen die drei Urphänomene in der Eurythmiemeditation von Rudolf Steiner an.

Ich suche im Innern
Der schaffenden Kräfte Wirken,
Der schaffenden Mächte Leben.
Es sagt mir
Der Erde Schweremacht
Durch meiner Füße Wort,
Es sagt mir
Der Lüfte Formgewalt
Durch meiner Hände Singen,
Es sagt mir
Des Himmels Lichteskraft
Durch meines Hauptes Sinnen,
Wie die Welt im Menschen
Spricht, singt, sinnt.

Es kann sich in diesem Zusammenhang nicht darum handeln, den Wahrspruch ausführlich zu betrachten; nur auf die Entsprechungen der Dreiheit, die hier behandelt wurde, soll andeutend hingewiesen werden. Es werden die drei Ebenen des Geistigen, Seelischen und Physischen angesprochen; die darin wirkenden Kräfte werden genannt, die wirksamen Aktivitäten und auch der physische Erscheinungsort werden angedeutet.

Der geistige Raum erklingt durch «Erde – Luft – Himmel», die seelische Aktivität durch «Sprechen – Singen – Sinnen», die physische Gestalt durch «Füße – Hände – Haupt». Die schaffenden Kräfte und Mächte in ihrem Wirken und Leben haben einen direkten Bezug zu den vorigen Ausführungen:

- Im Lichtatem erscheint der geistige Raum: das Weben zwischen Himmel und Erde.

- Im Wärmeatem die seelische Aktivität: das tätige Sich-Äußern zwischen Zentrum und Umkreis.
- Im Lebensatem die physische Gestalt: die lebendigen Organe des Leibes, durch die als Instrument der eurythmische Mensch sich offenbaren kann.

Das Licht ist die Quelle für den Impuls, der in der formenden Gebärde sichtbar wird und als Zeitgestalt im Raum in der eurythmischen Gestaltung erscheint.

V.
Die dreifache Sprachgebärde: Intention – Sphäre – Zone

DIE DREIFACHE ERSCHEINUNG DER SPRACHGEBÄRDE AM MENSCHEN IN DER EURYTHMIE

Werner Barfod

Nicht nur die Urgebärde, sondern auch die Urphänomene leben in jeder Sprachoffenbarung.

Das bedarf nach den vorhergehenden Ausführungen keiner weiteren Erklärung. Daß aber die Sprache selber am Menschen dreifach erscheint, kann wiederum als eine Metamorphose der Urphänomene gesehen werden. Wie im künstlerischen Üben und Gestalten damit fruchtbar umgegangen werden kann, soll jetzt im Folgenden beschrieben werden.

Die menschliche Sprachorganisation

So, wie die Sprache mit ihren Lauten, Gebärden und ihrem Bewegungsfluß sinnerfüllt tönt, um Ich und Welt miteinander zu verbinden als eine ursprüngliche, rein menschliche Äußerung, ist sie selber dreifach gegliedert. Sie steht als rhythmisch «mittlere» Äußerung des Menschen zwischen Denken und Wollen.

Ihren Impuls, ihre Kraft, ihre Dynamik erhält die Sprache vom Willen. Eine kräftig tönende Stimme wird durch die Bauchmuskulatur dynamisch möglich.

Die klingende Stimme mit ihren Vokalen wird durch den Kehlkopf geformt, durch den der Atemstrom hindurchströmt.

Die sinngebende Artikulation kommt durch die Artikulationswerkzeuge (Gaumen, Zunge, Zähne, Lippen) als sprachlich-konsonantische Bildekraft zustande.

Diese Dreiheit der Sprache findet auch im eurythmischen Bewegen ihren Niederschlag.

Der «Lichtatem» wird «Zone» in der Sprachgebärde

Das Erleben des Menschen in seiner Aufrechten («meine Aufrichte») gibt ihm das Grunderlebnis, auf der Erde zu stehen zwischen Himmel und Erde, zwischen Licht und Finsternis, zwischen Licht und Schwere. In jeder Gebärde erscheint dies als Ausdruck in der räumlichen Beziehung zwischen oben und unten. Das kann dem Licht zugewandt, peripher orientiert nach oben sein oder der Schwere zugewandt, zentral orientiert nach unten. Im künstlerischen Erleben ist z. B. eine «Sehnsucht» ausdrückende Gebärde auf ein nicht zu erreichendes Ziel gerichtet, dem eine Bewegung nach vorne in schmaler Gebärde in Schulterhöhe zustrebt. Dagegen fordert eine «Schmerz» ausdrückende Gebärde, daß wir von außen nach innen und unten unsere Bewegung verengen, bis wir schmal vorn an unserer Gestalt herunter die Arme hängen lassen.

Immer sind in der Sprach- und Lautfolge feine Nuancierungen in dieser Art zu beachten beim sichtbaren Sprechen. In der eurythmisch-sprachlichen Gestaltung ergibt sich in der angedeuteten Art die Farbigkeit, die durch die Gebärden in einer bestimmten «Zone» erscheint. Mit «Zone» wird hier der Bereich angedeutet, in dem Armgebärden im Verhältnis zur Gestalt erscheinen: z. B. in Herzhöhe, überm Horizont, ganz unten, jeweils schmaler oder breiter geöffnet. Sowohl der eurythmisch Tätige als auch der Wahrnehmende erfährt einen Teil des Ausdrucks der sichtbaren Sprache immer in einer Zone erscheinend. Dabei hängt es von der Intention des Gestaltenden ab, welcher Ausdruck der Zone mitgegeben und damit auch zur sichtbaren Offenbarung kommen wird. Immer wird man die Zone im Verhältnis zur Mitte, der eurythmischen Mitte der Bewegung auf Herzhöhe erleben. Das spricht im Kunstgenießen durch sich selbst.

Einige Beispiele aus der eurythmischen Praxis mögen das Angeführte erläutern. Zunächst bezieht sich die Sprachgebärde der

«Zone» dabei auf seelische Grundstimmungen, wie sie Rudolf Steiner für die Eurythmie gegeben hat.[37]

Zukunft: sich ausdehnend nach oben schmal
Gegenwart: geradeaus, normal frei nach außen in der Mitte
Vergangenheit: in sich zusammengeschoben, breit nach unten eintauchen

Freude: nach hinten, erweitern, schmal nach oben
Schmerz: nach vorne, schmal, verengend von außen nach innen, unten

Erwartung: nach vorne, offen breit, gestreckt in der Mitte
Erfüllung: nach hinten, umfassend, weit nach hinten, obere Mitte

Sehnsucht: nach vorne, fortstrebend, schmal nach vorne, Schulterhöhe
Verzweiflung: nach hinten, an sich gehalten, nach hinten unten

Denken: in der Mitte auf Herzhöhe mit leicht gesenktem Kopf
Fühlen: nach oben (und unten) mit dem Kopf mitgehen
Wollen: unten, den Kopf frei heraus

Diese Reihe kann beliebig ergänzt werden.

Man kann ohne weiteres wahrnehmen, wie die gleichen Zonen, von einer anderen Intention erfüllt, auch anders zu uns sprechen.

Nun hat jede Sprachoffenbarung, in der Poesie wie in der Prosa, auch ihre bestimmte Zone, die durch ein lebendig, symbiotisch empfindendes Eintauchen der Seele in die Sprache gefunden wird. Wird man einmal dafür wach, ist man bei falscher Zonenwahl unbefriedigt. Jedes Wort hat seine Gebärde, aber auch, entweder durch sich selbst oder durch den Zusammenhang, in dem es vorkommt, seine Zone. Das Erscheinen der Gebärde in einer Zone gehört genauso zur Intention, die durch die Sinngebung in der Sprache gegeben wird, wie zum Charakter der Sprachoffenbarung. In diesem Geschehen ist das Urphänomen des Lichtatems enthalten; alles hängt dabei zusammen mit der Beziehung zum Licht oder zur Schwere.

«Wärmeatem» wird «Sphäre» in der Sprachgebärde

Etwas anderes ist das Erleben des Menschen in Beziehung zu seiner Umgebung zwischen Zentrum und Umraum («meine Umfassende»). Das Verhältnis von innen und außen, zwischen Ich und Welt, in seiner umfassendsten Form zwischen Zentrums-Ich und peripherem Ich, wird dadurch in der Bewegung ausgedrückt. Vor allem die fühlende Seele offenbart sich hier. Die Gebärde erscheint als Beziehung zwischen dem Herzen und der Weltumgebung und entfaltet sich im Urphänomen mehr horizontal in die Weite. Jede sprachliche Spannung führt die Gebärde in die Weite, wie jede Willensäußerung, die im Sprachstrom hörbar wird, die Gebärde weitet oder zusammenpreßt. Aber auch das «Lauschen» mit der Bewegung führt die Gebärde weit in den Umraum hinein. Jede Sprachgebärde beinhaltet dieses Verhältnis des Menschen zur Welt in den mannigfaltigsten Graden des Verwobenseins. Diese atmende Bewegungsgebärde nennen wir *Sphäre*. Dort, wo der Mensch erlebend mit seiner Seele ist, sei es noch im Bereich seiner Gliedmaßen, sei es bei den Sternen, berührt er die Welt; bis dahin reicht seine Sphäre. Diese im Eurythmisieren sich ständig verändernde, sich erweiternde und sich zusammenziehende Sphäre macht die Eurythmie im Gestalten der Gebärden zur Raumbewegungskunst. Auch hier ist erlebnismäßig für den Ausführenden wie für den Wahrnehmenden die eurythmische Mitte auf Herzhöhe von entscheidender Bedeutung. Jede Sprachoffenbarung wird – symbiotisch erlebt – sphärisch atmend erscheinen. Durch das sympathische Hinausströmen und das antipathische Zusammenziehen der Gebärde wird bemerkbar, daß in diesem Prozeß der Wärmeatem als Urphänomen enthalten ist. Das Verhältnis zur Sphäre ist wesentlich für die Urgebärde des «Ballen und Spreizen».

«Lebensatem» wird «Intention» in der Sprachgebärde

Ein drittes Erleben des Menschen, die Willensäußerung, tritt in jeder Bewegung als der handelnde Impuls auf. Es offenbart sich im Impuls die Beziehung zur Zukunft, aus der die werdende Bewegung in die

Gegenwart fließt und als ausgeführte Gebärde, als Erfüllung des Impulses endet; damit ist die Bewegung Vergangenheit geworden («meine Wirkende»). Der Impuls gibt der Bewegung ihre innere Spannung (Tonus) und äußere Richtung und findet seine Erfüllung in der zur Ruhe kommenden Gebärde. Dies macht in der sichtbaren Gestaltung die gegenwärtige, existentielle Qualität einer Gebärde aus. Je nachdem, ob ein Vorgreifen intentional schon sichtbar wird oder vielleicht auch gerade bewußt nicht gewollt ist, wirkt die Bewegung seelisch unmittelbar sprechend in ganz verschiedenem Stimmungsausdruck.

Im Urphänomen «Lebensatem» entfaltet sich dieser Prozeß mehr von hinten und vorn in den Raum hinein, auf ein Ziel zu oder von einem Ziel weg. Das Ziel ist im Eurythmischen aber nicht räumlich gebunden, sondern immer als Prozeß seelisch-geistig gegriffen. Natürlich ist auch hier die eurythmische Mitte die Quelle.

Diese Richtkraft in der Gebärde nennen wir *Intention*. Es ist das Ich des Menschen, das den Willen ergreift, in der Intention, nun aber nicht auf ein Leiblich-Stoffliches gerichtet, sondern auf eine im seelischen Raum frei ätherisch zu gestaltende Bewegung.

Goethe spricht in seinem letzten Gedicht:
«Vermächtnis» aus:

> «... Dann ist Vergangenheit beständig,
> Das Künftige voraus lebendig,
> Der Augenblick ist Ewigkeit.»[38]

Zusammenfassend können wir zur Sprachgebärde in ihrer dreifachen Erscheinung kommen:

Im Willen lebend, aus dem Zukünftigen gestaltend, wird in der Intention als Sprachoffenbarung der Lebensatem als Urphänomen erlebbar. Jede eurythmische Gebärde entspringt einer *Intention*, dem Bewegungsimpuls; sie verbindet sich mit dem Raum, in dem sie fühlend, die Beziehung zur Welt ausdrückend, sich entfaltet. Dabei durchläuft sie die mannigfaltigsten *Sphären* und erscheint schließlich an der Gestalt in einer Gebärde, die in einer bestimmten *Zone* endet.

Es soll versucht werden, an einem Beispiel Intention – Sphäre – Zone in der poetischen Sprachoffenbarung aufzuzeichnen; denn das

Bedürfnis nach konkreter Handhabung dieser (notwendigerweise) theoretischen Schilderung wächst natürlich. Jedoch wird dies erst in einem eurythmischen Kurs und in eigener übend-gestaltender Arbeit oder im übenden Betrachten fruchtbar werden können.

Schmetterling von Nelly Sachs[39a] (erste Strophe)

> *Welch schönes Jenseits*
> *ist in deinen Staub gemalt.*
> *Durch den Flammenkern der Erde,*
> *durch ihre steinerne Schale*
> *wurdest du gereicht,*
> *Abschiedswebe in der Vergänglichkeiten Maß.*

Welch schönes Jenseits	Intention: zum Licht Sphäre: weit offen Zone: oben
ist in deinen Staub gemalt.	Intention: zur Schwere Sphäre: nah, eng, leicht öffnend Zone: unter Horizont, Mitte
Durch den Flammenkern der Erde,	Intention: Zentrum gehalten Sphäre: schmal, sich erweiternd Zone: unten, aufsteigend
durch ihre steinerne Schale	Intention: etwas lösend Sphäre: sich erweiternd Zone: etwas höher als vorher
wurdest du gereicht,	Intention: gelöst Sphäre: sich öffnend Zone: unterhalb der Mitte
Abschiedswebe in der Vergänglichkeiten Maß.	Intention: sich verdichtend, leicht lösend Sphäre: aus dem Umkreis zusammenziehend, leicht öffnend Zone: von oben zur Mitte

So kann der künstlerisch gestaltende Mensch in der dreifachen sichtbaren Sprachoffenbarung praktisch übend mit jenen drei Urphänomenen, die den menschenkundlich-ästhetischen Hintergrund bilden, differenziert umgehen lernen. Dadurch werden ein qualitativ differenziertes Üben und ein ebensolches Wahrnehmen möglich.

DIE DREIFACHE ERSCHEINUNG DER SPRACHGEBÄRDE AM MENSCHEN AM PRAKTISCHEN BEISPIEL

Gia van den Akker

Der Mensch verbindet sich als denkendes, fühlendes oder handelndes Wesen mit der Welt. Von dem Reichtum dieses Verwobenseins kann er durch die Sprache Ausdruck geben.

Es sind die Dynamik, Sonation, Artikulation, die in der Sprachorganisation die Sprache bilden.[39b]

Spricht der Mensch sich eurythmisch aus, d. h. durch die beseelte Bewegung seines Instrumentes, schließt er sich mit dem ganzen Körper den Kräftewirkungen der lebendigen Welt an.

Aus diesen Kräften, aus diesen drei Atemgebärden von Lichtatem, Wärmeatem und Lebensatem[40] heraus verdichten sich die drei Grundrichtungen der eurythmischen Sprachgebärde.

Die drei Grundrichtungen – Zone, Sphäre, Intention – sollen jetzt an Hand eines Textbeispieles konkretisiert werden.

Das Beschreiben eines eurythmischen Bewegungsvorgangs ist eigentlich ein Sterbeprozeß. Nur ein Abglanz einer Empfindung, die die Motivation für eine bestimmte Gebärde verleiht, kann vermittelt werden.

Es wird dem Leser durch ein Mit- und Nachvollziehen hoffentlich gelingen, den Prozeß neu zum Leben zu erwecken.

Es handelt sich dabei um die Ausarbeitung eines Gedichtes. Wenn es auch unter einem bestimmten Gesichtspunkt geschieht, spielt doch der Weg, wie man zur Ausarbeitung dieser Qualitäten kommt, eine große Rolle.

Dazu einige Worte von Rudolf Steiner:

«Nun möchte ich doch, daß Sie daran sehen – ich kann es natürlich nur an einfachen Beispielen zeigen –, wie das Studium des Eurythmischen vor sich zu gehen hat. Man hat tatsächlich, wenn man eurythmisieren will, das Gedicht zunächst, um das es sich handelt, den Text wirklich nicht bloß seinem Wortlaute nach zu kennen, sondern seinem ganzen Inhalte nach, mit all den Empfindungsnuancen, Empfindungskonfigurationen, die drinnen sind. Und es sollte niemand an das Eurythmisieren eines Gedichtes gehen, der nicht sich in dieser Weise Fragen vorgelegt hat: Was für ein Grundcharakter ist in einem Gedicht, was für ein künstlerischer Grundcharakter?»[41]

Dadurch, daß man das Gedicht erst einmal aus dem Text heraus «im Sitzen» befragt, es kennenlernt, fängt es an, in einem zu leben, sich zu bewegen.

Die verschiedenen Qualitäten der Sprache treten hervor; ob sie z. B. rhythmisch atmend oder farbig-dynamisch bewegt oder intentional-ichhaft geführt sind.

Aus dem noch allgemeinen Grundcharakter heraus wird man erleben können, wie man als Mensch in der Sprache drinnensteht, wie der eigene Standpunkt ist.

Ein Erleben vom Wesen dieser Ganzheit des Gedichtes ist der Boden, auf dem die weitere Arbeit aufbaut.[42]

Als nächster Schritt wird es sich darum handeln, die Sprache zu erlauschen, sie zu bewegen und dabei, ohne auf den Inhalt zu achten, voll in den Sprachstrom einzutauchen.

Die Sprache läßt die Bewegung durch ihren Rhythmus, ihre Dynamik, ihre Lautfolgen differenziert zwischen einem selber und dem Umkreis atmen (im Ballen und Spreizen). In dieser eurythmischen Urgebärde sind drei Grundrichtungen der Bewegung zu unterscheiden:

1. oben–unten
2. Zentrum–Umkreis
3. mit der Zeit mitfließend oder aus der Zukunft impulsiert

Diese drei Aspekte der Grundgebärde werden in dem Gedicht «Grenzen der Menschheit»[42a] von Johann Wolfgang von Goethe behandelt:

Grenzen der Menschheit

Wenn der uralte
Heilige Vater
Mit gelassener Hand
Aus rollenden Wolken
Segnende Blitze
Über die Erde sät,
Küss' ich den letzten
Saum seines Kleides,
Kindliche Schauer
Treu in der Brust.

Denn mit Göttern
Soll sich nicht messen
Irgend ein Mensch.
Hebt er sich aufwärts
Und berührt
Mit dem Scheitel die Sterne,
Nirgends haften dann
Die unsichern Sohlen,
Und mit ihm spielen
Wolken und Winde.

Steht er mit festen,
Markigen Knochen
Auf der wohlgegründeten
Dauernden Erde,
Reicht er nicht auf,
Nur mit der Eiche
Oder der Rebe
Sich zu vergleichen.

Was unterscheidet
Götter von Menschen?
Daß viele Wellen
Vor jenen wandeln,
Ein ewiger Strom:

Uns hebt die Welle,
Verschlingt die Welle,
Und wir versinken.

Ein kleiner Ring
Begrenzt unser Leben,
Und viele Geschlechter
Reihen sie dauernd
An ihres Daseins
Unendliche Kette.

Die «Zone» der eurythmischen Sprachgebärde

In jeder eurythmischen Gebärde wird das Verhältnis des Menschen in seiner aufrechten Gestalt zwischen Licht und Schwere bzw. Himmel und Erde sichtbar.

Diesen Aspekt – die «Zone» der Gebärde – schauen wir uns in den ersten drei Strophen an:

Wenn der uralte
Heilige Vater
Mit gelassener Hand
Aus rollenden Wolken
Segnende Blitze
Über die Erde sät,
Küss' ich den letzten
Saum seines Kleides,
Kindliche Schauer
Treu in der Brust.

Der Anfang der Bewegung setzt gleich in der Schwere an: *Wenn der uralte/Heilige Vater* (dunkle Laute, spondeischer Charakter).

Bis zu *segnende Blitze* strebt die Gebärde hoch, ist den Lichtkräften mehr angeschlossen, um über den Höhepunkt *Blitze* in *Über die Erde sät* sich wieder der Erde zuzuwenden.

Dann aber setzt die Gebärde in der Mitte an; ganz vom Herzen, in der Stimmung der innigen Andacht und Ehrfurcht, spricht sich die Seele in einer intimeren mittleren Zone aus.

In dieser Zone knüpft die Gebärde in der zweiten Strophe an:

Denn mit Göttern
Soll sich nicht messen
Irgend ein Mensch.

Die Hauptvokale *e*, *ö*/ *o*, *i*, *i*, *e*/*i*, *e* führen die Bewegung aus der Mitte mehr nach oben und zurück in die Mitte. Diese Aussage setzt eine klare Grenze und ist von Erkenntnis durchdrungen.

Wenn Erkenntnis ein vom Gefühl durchdrungenes Wissen ist, erlebt man sie nicht im Kopf, sondern eher im Bereich zwischen dem Herzen und dem Kopf. Das Erlebnis, das in der Strophe darauf folgt, bringt diese Qualität des Erkennens hervor.

Hebt er sich aufwärts
Und berührt
Mit dem Scheitel die Sterne,
Nirgends haften dann
Die unsichern Sohlen,
Und mit ihm spielen
Wolken und Winde.

Anschließend strebt die Gebärde eindeutig zum Lichte: Die Blaselaute, die hellen Vokale, der steigende Rhythmus führen die Bewegung hoch. Dann schafft Goethe in wunderbarer Weise eine Gegenbewegung in *haften dann* (dunkle *A*- und Stoß-Laute). Danach wird die Bewegung durch die Blaselaute und die hellen Vokale licht und luftig elementar durch alle Zonen geführt.

Steht er mit festen,
Markigen Knochen
Auf der wohlgegründeten
Dauernden Erde,
Reicht er nicht auf,
Nur mit der Eiche
Oder der Rebe
Sich zu vergleichen.

In der dritten Strophe wendet man sich mit Gewicht und Kraft der Erde zu. Die Sprache ist abgesetzt, enthält viele Stoßlaute.

Aus dieser Verhaftung in der Schwere will die Gebärde durch Blaselaute und hellere Vokale sich lösen. Man bleibt unten verankert, auch wenn gleichzeitig die Gebärde in Gegenbewegung zur mittleren und oberen Zone strebt.

Goethe schafft in diesen drei Strophen eine starke Spannung zwischen unten und oben bzw. zwischen Menschen- und Götterreich. Die Gebärde bewegt sich durch alle Zonen – aber qualitativ sehr verschieden: einmal elementar mitgehend, einmal stark geführt und ein ichhaftes Verhältnis schaffend.

Die «Sphäre» der eurythmischen Sprachgebärde

Dem Erleben der Ich-Welt-Beziehung – d. h. der Mensch als Zentrumswesen im Verhältnis zur Welt, zu seiner Umgebung – liegt eine Bewegung zwischen innen und außen zugrunde. Sympathie und Antipathie sind die Urbeispiele in diesem Bereich. Sie sind die Organe der Seele, um sich zweifach mit der Welt auseinanderzusetzen: Man kann sich in warmer Verbundenheit der Welt hingeben oder sich in kalter Abweisung von ihr distanzieren, sich auf sich selbst zurückziehen. Alle Abstufungen zwischen diesen beiden Polaritäten sind möglich.

Durch die Veränderung der Umkreisgröße der eurythmischen Gebärde kann ein beseelter Raum differenziert sichtbar gemacht werden.

Dieses, was man als «*Sphäre*» der Gebärde bezeichnen kann, schauen wir uns in der vierten und fünften Strophe an.

Was unterscheidet
Götter von Menschen?
Daß viele Wellen
Vor jenen wandeln,
Ein ewiger Strom:
Uns hebt die Welle,

Verschlingt die Welle,
Und wir versinken.

In den ersten zwei Zeilen erlebt man zuerst eine Erweiterung des Raumes; nach dem Höhepunkt *Götter* verengt sich der Raum wieder in *Menschen*. Die Gebärde öffnet sich, weitet sich und wendet sich in der Frage zurück zu einem selber.

Dann setzt die Gebärde draußen an, die Sphäre wächst und verströmt in die Weite. Die *W*- und *L*-Laute tragen diese atmend fließende Bewegung.

In den nächsten Zeilen: *Uns hebt... versinken* ist die Sphäre der Gebärde stark dynamisch wechselnd. Zuerst ballt sich die Gebärde, von außen impulsiert, und fließt aus in eine größere Sphäre, Dann ist da eine im Umkreis sich ballende Bewegung, die kleiner wird; man wird sozusagen eingeengt. Das flutet aus in *Und wir versinken*, wo die Gebärde mit einem Hauch der Verzweiflung in ganz enger Sphäre um die Gestalt ankommt.

Der Umkreis wirkt so stark auf einen, daß man überwältigt wird und die Bewegung sich zusammenzieht. Sichtbar soll werden, daß der Impuls von außen kommt; daß der Raum wie von außen nach innen gedrückt wird.

Ein kleiner Ring
Begrenzt unser Leben,
Und viele Geschlechter
Reihen sie dauernd
An ihres Daseins
Unendliche Kette.

In der letzten Strophe setzt die Gebärde in einer intimeren, die Gestalt unmittelbar umgebenden Sphäre an.

Die vielen *E*- und starken Stoß-Laute sind sehr bestimmend. Dem entspricht eine begrenzende Bewegung.

Anschließend in *Und viele Geschlechter/Reihen sie dauernd/An ihres Daseins* wird die Gebärde in einen umfassenden weiten Umkreis geführt. Sie atmet aus – auch durch die *Ei*- und *Au*-Laute –, gestaltet aber im Umkreis mit den Stoßlauten. So erreicht sie ihren Abschluß verankert im Umkreis. Die Gebärde, ganz verwoben mit der Umgebung, erfährt durch die Stoßlaute und die absetzenden *E*-Laute in «Kette» eine starke Schlußballung; d. h. eine kleinere Gebärde, aber in einer großen Sphäre. Dieses Bild: *Ein kleiner Ring*, in einer menschlichen, begrenzten Sphäre, wird in dem sich weitenden Umkreis ein Teil der Ewigkeitskette. So wächst der Umgebungsraum von einem kleinen, geformten zu einem großen, weiten. Der Mensch steht in der Mitte, mit der Gebärde beide verbindend.

Die «Intention» der eurythmischen Sprachgebärde

Der Impuls jeder eurythmischen Bewegung wird aus der Zukunft vorgegriffen. Die Zukunft wird Gegenwart, sobald die Bewegung angefangen wird, und in der zur Ruhe kommenden Gebärde ist der Impuls Vergangenheit geworden. Aus einer übersinnlichen Bewegung ist eine sinnlich-sichtbare geworden.

In dem Impuls liegt, wie in einem Samen, schon das Ganze verborgen.

Die Intention der Gebärde bestimmt die Zone und die Sphäre und jeden Übergang von einem Laut zum nächsten.

Die Intention wird also nur sichtbar, wenn das Ziel, der Sinn der Bewegung, vom Ich ergriffen, seine Spiegelung in der erscheinenden Gebärde findet.

Man kann es vergleichen mit der Bildung eines Lautes aus den Kunstmitteln «Bewegung – Gefühl – Charakter» heraus. Der Charakter wird als erstes vorgegriffen und erscheint als letztes, aber erst dann ist der Laut voll ausgesprochen und sichtbar.[43]

Das heißt für die erste Strophe, daß man sich in der sichtbaren Beschreibung der überwältigenden Tätigkeit des *heiligen Vaters* nicht verliert. Die *rollenden Wolken*, *segnenden Blitze* müssen erlebt und bildhaft beschrieben werden, ohne selber «Blitz zu werden». Das Wesentliche der ersten Strophe ist doch: *wenn . . . – dann*. Die Spannung wird aufgebaut und führt dazu, daß man als Ich-Person den *Saum des Kleides* küßt. *Kindliche Schauer/Treu in der Brust* gibt der Bewegung keine neue Richtung, sondern hält sie in derselben Zone und in derselben Sphäre. Die Grundintention ist: andächtig, ehrfurchtsvoll.

So gilt es in der zweiten Strophe: *Denn mit Göttern/Soll sich nicht messen/Irgend ein Mensch*, von Anfang an die Gebärde in der oberen, lichten weiten Göttersphäre auf die menschliche Mitte zu beziehen. Wenn die Bewegung ankommt bei *Mensch*, gefärbt durch die Erkenntnis und Aufforderung, ist es notwendig, sichtbar zu machen, daß die «Göttersphäre» noch gefühlt wird. Dann erst wird die Spannung, die Beziehung Gott – Mensch sichtbar.

In der letzten Strophe: *Ein kleiner Ring/Begrenzt unser Leben* handelt es sich darum, die Gebärde von *unser Leben* nicht größer zu gestalten als die von *Ring*.

Man kann schnell dazu neigen, *Leben* als Wortgebärde, also groß, umfassend zu gestalten, wobei man sich fragen muß, ob das in diesem Zusammenhang wohl richtig wäre.

Und viele Geschlechter/Reihen sie dauernd/An ihres Daseins/Unendliche Kette. Dem Sprachstrom naiv folgend, könnte man die Gebärde wachsen lassen, um sie in *Kette* wieder energisch zusammenzuziehen.

Die Intention dieses Satzes fordert aber, daß die Gebärde, auch wenn sie sich groß, atmend ausbreitet, doch im Umkreis ankommt. – Der Mensch stellt sich ja, angeschlossen an diese *unendliche Kette*, mitten hinein und schafft so in der Gegenwart ein umfassendes Tableau.

Die erlebte und gefühlte Willensbewegung mit Intentionalität zu durchlichten macht die Bewegung erst zur sichtbaren Sprache.

Diese Art des Durcharbeitens eines Textes erfordert zuerst ein Eindringen mit dem Willen in den Umkreis. Wenn man da, im Umkreis, wo die Sprache eindringt, mit ihr zusammenwächst, kann man von ihr aus bewegen bzw. bewegt werden.

Während des Bewegens, im Improvisieren, gilt es dann aufzuwachen, bei sich zu merken, wie das Instrument differenziert aus der Qualität der Sprache geführt wird.

Was das Instrument als «Sinnesorgan der Bewegung» einem erzählt, kann dann bewußt aus der Sache heraus gestaltet werden. Wenn nachher Rhythmus, Vokale, Konsonanten, Seelengesten usw.

eurythmisch durchgearbeitet werden, wird offenbar, wie diese Bausteine der Sprache Träger sind der dreifachen Urgebärde des Ballens und Spreizens.

Eurythmie ist ganz darauf hin veranlagt, das Wesen, das verkörpert ist in der Sprache und überhaupt im Charakter der Sprache, ganz klar zum Ausdruck zu bringen. Sie kann daher dasjenige besonders ausdrücken, was hinter der Sprache liegt.

VI.
Die eurythmischen Kunstmittel: Bewegung – Gefühl – Charakter

EINIGE ASPEKTE ZUM ZUSAMMENHANG VON DENKEN – FÜHLEN – WOLLEN MIT DER EURYTHMISCHEN GEBÄRDE DES BALLENS UND SPREIZENS

Werner Barfod

Die eurythmischen Kunstmittel

Als Kunstmittel der Eurythmie nennt Rudolf Steiner: *Bewegung – Gefühl – Charakter.*

Da die eurythmische Bewegung zunächst zum Träger des Seelischen wird, begegnet man immer wieder der Dreiheit Denken – Fühlen – Wollen. Es wird Aufgabe sein, in vielfältiger Weise den Zusammenhang mit dem Denken, Fühlen und Wollen – die ihre Urbilder im Übersinnlich-Geistigen und ihre Spiegelung im Erscheinen der Bewegung haben – aufzuzeigen.

Der Mensch als Sprachorganisation

Die Seele schafft sich durch die Lautgebärden Bilder im Ätherischen. Da die Eurythmie zur sichtbaren Sprache wird – der ganze Mensch also zum Kehlkopf mit Dynamik und Artikulationswerkzeugen –, trifft man auf eine Entsprechung, nämlich zwischen den Seelengliedern und den Sprachgliedern. In der hörbaren Sprache wird der Wille zur Dynamik, das Gefühl erklingt in der Sonation, und das Gedankenelement tritt durch die Artikulation in die Sprache ein.

Im Hinblick auf die eurythmische Gebärde finden wir dann die Dynamik des Sprachwillens in der Bewegung, die Sonation im

Gefühl der Bewegung und die Artikulation im Charakter der Bewegung, die dann Gebärde, Geste geworden ist. Dies sind die künstlerisch-eurythmischen Bildekräfte eines Lautes.

Nun ist die Sprachorganisation eine sphärische Organisation, d. h. die Luftsäule wird bei der Lautbildung von außen geformt:

Das Nacheinander von Dynamik, Sonation und Artikulation kann nur als Zeitprozeß verstanden werden. Die Dynamik, mit dem Impuls für die Lautgestalt, setzt zuerst ein, dann wird die Sonation im Bildeprozeß angesetzt und zuletzt durch die Artikulationsorgane die Formung vorbereitet. Kommt der Laut zum Erklingen, verläuft der Prozeß in der umgekehrten Reihenfolge. Als Beispiel kann man leicht bei sich nachprüfen, wie der Vorgang abläuft, wenn man den Laut *K* aussprechen will: Zuerst ist die Anspannung der Bauchmuskulatur zu bemerken, der Atemstrom wird gesteuert, der Gaumen zum Verschluß zusammengezogen. Der Laut ist vorbereitet als Ganzheit da. Im Moment des Aussprechens öffnet sich der Gaumenverschluß, der Luftstrom entlädt sich und mit dem klingenden *K* wird dem Laut die Kraft verliehen im Hörbaren.

Der Impuls für die eurythmische Gebärde enthält lautspezifisch in seinem Keim die ganze Gebärde übersinnlich; er findet seinen sichtbaren Ausdruck in der Bewegung, die mit der Empfindung sich entfaltet und dann in der gestalteten Gebärde in Erscheinung tritt. Wir haben als erste Phase im Vorgreifen auf den übersinnlichen Keim geistig bereits die Gewißheit der Lautgestalt, als zweite Phase die synchron gefühlte Bewegung und als dritte Phase die als Ganzes erscheinende Gebärde, die im Sinnlichen als bewegter Zeitprozeß zum Ausdruck kommt. Die eurythmische Lautgestaltung des *K* wird innerlich voraus «eingeatmet» im leichten Anheben der Arme als vorbereitende Geste. Dann folgt die gefühlte Bewegung, die am Ende des Bewegungsimpulses gestoppt wird durch einen harten Stoß. Damit ist die eurythmische Lautgebärde geboren in dem Moment, in dem die sprachliche ins Hörbare übergeht.

Das gilt grundsätzlich für alle eurythmische Lautgestaltung und läßt sich schematisch etwa so darstellen:

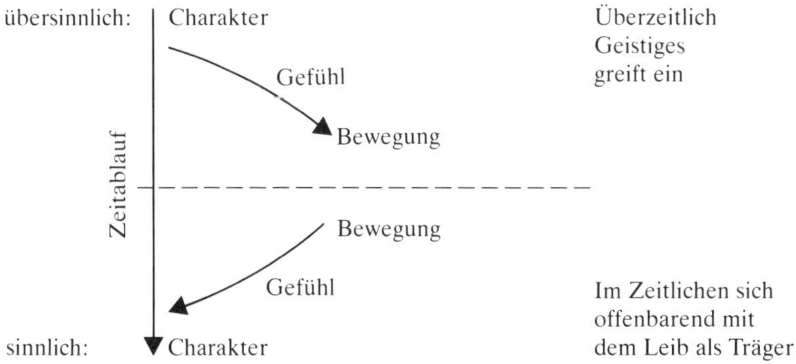

Zeitlicher Ablauf der Lautgestaltung

Der initiierende Willensimpuls steht immer am Beginn einer Bewegung, auch wenn ein Gedanke den Anstoß gibt; es ist der Wille, der ihn ergreift. Impuls und Intention verweben sich geheimnisvoll in der Bewegung. Die Intention ist in der Zukunft verankert und gibt der Bewegung den Impuls, sich in der gefühlten Bewegung in der Gegenwart zu manifestieren.

Die Erfüllung der Intention bezeichnet das Ende der Bewegung. Die Vergangenheit hat begonnen. Da liegt die wechselseitige Ergänzungs-Beziehung zwischen Bewegung (Impuls) und Charakter (Erfüllung) in der künstlerisch-eurythmisch gestalteten Gebärde.

Bewegung – Gefühl – Charakter und Intention – Sphäre – Zone bei der Lautbildung

Im Werden, im Entstehen bis zum Höhepunkt der vollen Entfaltung und im Wieder-Vergehen atmet das Empfinden für die Gebärde.

Wie weit sich dieses Empfinden mit der Welt verbindet, davon hängt der Umkreis der Gebärde ab, die Sphäre. Das Fühlen wird dort erlebt, wo die Seele an der Außenwelt bzw. die Außenwelt an der Seele anstößt. Wir sind z. B. mit der Seele dort im Raum, wo der Ton erzeugt wird, den wir hören. So, wie der Willensimpuls den Beginn der Bewegung kennzeichnet, so legt der zur Ruhe gekommene Wille ihr Ende fest. Die Erfüllung der Intention hängt aber vom Gedanken ab, der auch die Endgestalt einer Gebärde bestimmt. Im Zu-Ende-Kommen wird die Gebärde Bild, sie gerinnt im «Charakter». In diesem Moment *erscheint* die Gebärde in einer Zone als zu Ende gekommen.

So greifen Denken und Wollen, Vergangenheit und Zukunft im Gegenstrom ineinander. Im Fühlen wird dieser Strom in bildender Gebärde zur Gegenwart, Denken und Wollen erscheinen synchron.

Die Bewegungs- oder Zeitgestalt der Sprache

Entsprechend dem Gestaltungsprozeß des einzelnen Lautes verhält sich der Bildevorgang der Wort- bzw. Satzgebärde. Es sind die Laute, die Lautfolgen, die Silben, die zur Wortgebärde führen. Es sind die Worte, der Vers, die die Bilderbewegungen schaffen. Nur eines ist es nicht: der Inhalt! Die Gesamtgebärde ist wie ein architektonisches Element; sie ist eine Bewegungsgestalt. Es ist das Wort das plastische Element im Satzverlauf. Der Laut erscheint als das malerisch-musikalische Element, das in Feinheit die Gestalt färbt. Er ist Quelle und Diener der Sprachgebärde zugleich. Die Seele lebt atmend im Wechselspiel dieses gegenläufigen zeitlichen Geschehens. Das Ich greift intentional voraus in die Zukunft und gestaltet die Gesamtgebärde. Die Gebärde erscheint in ihrer Differenzierung in der Gegenwart. Der Laut rundet die Gestaltung ab; er wird schlußendlich charaktervolle, erfüllte Gebärde, die der Vergangenheit nahe ist und im Augenblick schon ihr angehört.

Denken – Fühlen – Wollen in eurythmischer Gestaltung

Denken, Fühlen und Wollen haben in der eurythmischen Gestaltung ihren eigenen Bewegungsausdruck:

Selbstverständlich erscheint die Intention als Bewegungsrichtung in der Beziehung von innen nach außen; es erscheint die Sphäre als Atem zwischen innen und außen; die Zonen erscheinen an der Gestalt.

Alle drei werden wirksam durch den Bezug zum eurythmischen Bewegungsquell im Herzbereich.

Es soll hier nicht das Seelenwesen des Menschen in seinem Ausdruck in der eurythmischen Bewegung umfassend behandelt werden. Wie aber Denken, Fühlen und Wollen als Ausdruck des ganzen Seelenwesens in ihren jeweiligen Zonen und Bewegungsrichtungen erscheinen, sei versucht, andeutend herauszuarbeiten.

«Denken» in eurythmischer Gestaltung

Das Denken nimmt aus der Wahrnehmung die Welt auf, die Intention ist einströmend. Die Fähigkeit, das Rechts-Links miteinander zur Berührung und Kreuzung zu bringen, ist menschenkundlich gesehen die Voraussetzung für das Denken (z. B. das Fixieren beim Sehen durch das Kreuzen der Augachsen). Ebenfalls menschenkundlich betrachtet, kann der Mensch nur begreifen, verstehen, wenn das Herz beteiligt ist beim Denken.[45] Daraus ergibt sich für die eurythmische Gestaltung in der *mittleren* Zone auf Herzhöhe die einströmende Intention bis zum Fixieren – mit den Armen gestreckt wechselnd eine atmende Bewegung zwischen der offenen *A*-Haltung und der gekreuzten *E*-Haltung.

«Fühlen» in eurythmischer Gestaltung

Das Fühlen lebt im Wechselgespräch der Seele mit der Welt. Wir fühlen dort, wo Welt und Ich aufeinander treffen, sich berühren. Ein bestimmtes Gefühl, für das wir teilweise erwachen, tritt an der Stelle auf, wo wir uns für diese Berührung interessieren. Im Hinwenden zum Lichten erleben wir uns erleichtert, befreit, froh; im Verbinden mit dem Finsteren erleben wir Einsamkeit, Schmerz, Trauer. Menschliche Empfindungen, Gefühle hängen mit der Aufrechten zusammen, mit dem Stehen zwischen Erde und Himmel. So ergibt sich fühlend die Bewegung nach *oben* für alles Frohe, Heitere und die Bewegung nach *unten* für alles Traurige, Schmerzliche.

Die *I*-Gebärde bringt das zum Ausdruck.

«Wollen» in eurythmischer Gestaltung

Das Wollen ist die Äußerung des Menschen, der im Handeln sich der Welt mitteilt. Der wollende Mensch gestaltet die Welt, die Intention ist ausströmend. Der schreitende Mensch ist Ausdruck für das Wirken auf der Erde. Die Glieder greifen vom Zentrum intendierend in den Umkreis ein. Für die eurythmische Gestaltung wird die Wirkensrichtung hinten – vorne in der unteren Zone wirksam. Die warmen Laute *O* und *U* gehören dazu.

Denken – Fühlen – Wollen in der Lyrik

Es wird kaum überraschen, daß in jedem Aufbau sprachlich-poetischer Gestaltung immer Denken, Fühlen und Wollen zu finden sind, ja geradezu zum Kriterium für ein Gedicht werden: Lyrische Dichtung ist immer eine aus der Ganzheit der Seele fließende Äußerung.

So wie jede sprachliche Äußerung alle drei Urphänomene (Lichtatem, Wärmeatem und Lebensatem) beinhaltet und sich durch die eurythmische Urgebärde des Ballens und Spreizens auch erlebbar und sichtbar machen läßt, so ist auch in der Lyrik, in der gefühlten Poesie jedes Motiv mehr gedanklich-wahrnehmend oder mehr wollend-dramatisch akzentuiert. Reine Lyrik beginnt mit der wahrnehmenden Aktivität (Hören, Sehen etc.), in die Welt fühlend einzutauchen; und dann geht ein verstärktes Fühlen – oft gemischt mit Wahrnehmungen oder Willensregungen – über in ein Existentielles, ein vom Wollen geprägtes Seinserleben. Damit ist die Gestalt dann meist auch voll in Erscheinung getreten.

Das hat für die eurythmische Gestaltung Konsequenzen. Die Gebärden beim mehr wahrnehmenden Charakter des Gedichtes berühren die Welt mehr durchstrahlt beim Sehen oder mehr gerundet in großen Gebärden beim Hören, während die Raumbewegung der Gestalt beim Sehen eher klein, beim Hören groß ist. Die Gebärden beim Fühlen im Berühren mit der Welt sind gemäßigt, gehalten. Je mehr die Gebärde existentiellen Charakter ausdrücken soll, desto mehr identifiziert der Eurythmisierende sie mit seiner Gestalt. Diese

Qualitäten erlauscht man nur bedingt aus der Bilder- oder Verbfolge. Ebenso wesentlich sind die Laute und Lautfolgen. Man hört, ob es helle Vokale (*I – E – Ü*), mehr weiche, warme Doppellaute und Diphtonge (*EI – AU – Ö – Ä*) oder dunkle, warme Laute (*A – O – U*) sind, die vorherrschen.

Die hellen Laute haben mehr Bezug zum nervigen Wachen, die Doppellaute zum träumenden Fühlen, die dunklen Laute zum blutmäßigen Wollen. Damit soll in diesem Zusammenhang wiederum nur auf Elemente hingewiesen werden, die, aus dem Seelenwesen kommend, bis in die Gestaltung in Intention, Sphäre und Zone ihren sichtbaren Ausdruck finden.

Als Zusammenfassung kann das «kleine große» Gedicht von Goethe dienen, das urbildhaft die verschiedensten Elemente in sich vereinigt:

«Ein Gleiches» (Wandrers Nachtlied)[46]

Über allen Gipfeln	*ü, a, i*	helle Vokale
Ist Ruh	*i, u*	waches Wahrnehmen
In allen Wipfeln	*i, a, i*	
Spürest du	*ü, u*	weiche Doppellaute
Kaum einen Hauch;	*au, ei, au,*	träumendes Fühlen
Die Vögelein schweigen im Walde.	*ö ei, i, a*	
Warte nur, balde	*a, u, a*	warme Vokale
Ruhest du auch.	*u, u, au*	existentielles Wollen

Alle drei Urphänomene fallen hier in der Urgebärde zusammen:

Zonen:	*Sphären:*	*Intention:*
Im Verlauf von oben leicht atmend nach unten; Lichtatem	Im Verlauf aus der Weite bis zum Zentrum; Wärmeatem	im Vorgriff zusammenführend, verdichtend in den Gebärden; Lebensatem

In Goethes Gedicht sind es vier Motive (1. . . *ist Ruh,* 2. . . *einen Hauch*, 3. . . *im Walde*, 4. . . *du auch*):

- die intentional vom Wahrnehmen über das Fühlen zum Sein sich bewegen,
- die sich sphärenhaft von außen nach innen bewegen,
- die in den Zonen sich von oben nach unten bewegen.

DIE EURYTHMISCHEN KUNSTMITTEL «BEWEGUNG, GEFÜHL UND CHARAKTER» UND DIE DREI URPHÄNOMENE DER EURYTHMIE

Eduardo Jenaro

Die eurythmischen Mittel

Die vorigen Aufsätze haben gezeigt, wie die drei Urphänomene der eurythmischen Bewegung – Lichtatem, Wärmeatem und Lebensatem – in den verschiedenen Ebenen der Bewegung metamorphosiert wiederzufinden sind. Im folgenden soll versucht werden zu zeigen, wie die Urphänomene noch eine Metamorphose erfahren, indem sie zu Gestaltungsmitteln der Lautgebärde umgewandelt werden.

Die eurythmische Lautbildung ist wie die sprachliche Lautbildung dreigliedrig (Dynamik – Bauchmuskulatur; Sonation – Kehlkopf; Artikulation – Zähne, Zunge usw.).[47] In der eurythmischen Lautbildung unterscheidet man die «Bewegung» der Gebärde, das «Gefühl» der Gebärde und den «Charakter» der Gebärde. Diese drei Bewegungselemente sind zugleich die eigentlichen Kunstmittel der Eurythmie, aus der alle eurythmischen Bewegungen hervorgehen.

«Geradeso wie der Bildhauer mit seiner Flächenführung, der Rezitator mit seiner Lautgestaltung, der Musiker mit seinen Tongestaltungen, so muß mit Bewegung, Gefühl und Charakter der Eurythmiker alles dasjenige erreichen, was zu erreichen ist. Das andere darf alles nicht in Betracht kommen. Das ist der Bereich der Mittel für die eurythmische Kunst. Mit diesen Mitteln muß alles erreicht werden.»[48]

Der Hinweis Rudolf Steiners, daß alles Eurythmische aus den

Kunstmitteln hervorzugehen hat, deutet schon auf ihre urbildliche Stellung innerhalb der Eurythmie hin. Zum vertieften Verständnis dieser besonderen Stellung sollen nun die drei Mittel einzeln beschrieben und anhand von Beispielen erläutert werden.

Die «Bewegung»

Wenn man von den Farbangaben der Eurythmiefiguren zunächst absieht – weil sie den Spezialfall der Lautbewegung darstellen – und versucht, verschiedene Laute nur aus der Qualität der «Bewegung» zu bewegen, bemerkt man bald, daß der Laut sowohl an Aussagekraft wie an seelischer Färbung verliert. Statt dessen tritt stärker ein fließender Bewegungsstrom hervor, einer, der – je nach Laut – das besondere Verhältnis der Gestalt bzw. der Gebärde zum Licht oder zur Schwere bestimmt. Die «Bewegung» ergreift die ganze Gestalt – vom Kopf bis zu den Füßen – und bestimmt daher die *Art der Aufrechte*, d. h. die Art, wie die Gestalt zwischen Licht und Schwere steht. Je bewußter die «Bewegung» eines Lautes ergriffen wird, desto wacher wird ihre Beziehung zum Himmelslicht oder zur Erdenschwere erlebt.

Am deutlichsten läßt sich dies am Laut *L* nachvollziehen. Sein fließendes Wesen, das in allen Zonen der Gestalt erscheint, zeigt urbildlich das Leben der Bewegung zwischen dieser Polarität: in der ersten Bewegungsphase verbindet man sich stark mit der Leiblichkeit, mit der Schwere in der unteren Zone. Allmählich wird die Schwere überwunden, die Bewegung geht fast ins Schwerelose über, ganz mit dem Licht verbunden in der oberen Zone, um dann den Kräften der Erde langsam wieder anheimzufallen.

Schauen wir uns unter diesem Gesichtspunkt die «Bewegung» von fünf anderen Lauten skizzenhaft an:

K – Es fällt stets in die Schwere, in welcher Lage auch immer sich die Armgebärde befindet. *K* zieht unmittelbar und immer tiefer in die Leiblichkeit ein, tendiert immer zur physischen Erdmitte.

M – Mit dem Widerstand der Schwere dringt es fortwährend in jeder Substanz durch, ohne selber der Schwere zu verfallen.

F – Es hält stets das Gleichgewicht zwischen Licht und Schwere, indem es elastisch dazwischen schwingt.

H – (nach außen) Es überwindet stets die Schwere, aus welcher Lage auch immer. Die «Bewegung» geht unmittelbar ins Lichtvolle über.

T – Aus dem Lichtumkreis verdichtet es sich zum lichten Zentrum.

In der Notizbucheintragung Rudolf Steiners[49] finden wir sinngemäß beschrieben, daß die eurythmische «Bewegung» *Träger* des Seelischen ist. Insofern die «Bewegung» Seelisches *trägt*, ist sie die ätherisch-leibliche Grundlage der eurythmischen Bewegung überhaupt. In ihr ist der Lichtatem wirksam. Die «Bewegung», kann man sagen, ist der Lichtatem auf der Stufe der Lautbildung.

Das «Gefühl»

Wenn man sich nun ganz dem «Gefühl» verschiedener Lautbewegungen hingibt, merkt man, wie die Bewegungen sich unterschiedlich mit dem Umkreis verbinden: Er erscheint wie beseelt. Diesen Umkreis nennt Rudolf Steiner die «Empfindung an der Außenwelt».[50]

Dasjenige, was durch die Bewegung als «Gefühl» erscheint, drückt die besondere Beziehung aus, in der die Seele zur «Außenwelt» steht. Das «Gefühl» entsteht durch die Empfindung, die die Seele im *Angrenzen* oder im *Berühren* der Welt hat. Dieses «An-der-Außenwelt-Empfinden» kommt in allen Nuancierungen der Sympathie und der Antipathie zum Ausdruck.

Der *Ort* des «Empfindens an der Außenwelt» (nah oder fern) bestimmt die *Sphäre* der Lautbewegung. Das *Wie* des Empfindens gibt der Lautbewegung ihre seelische Färbung. Im «Gefühl» kommen sowohl die Sphäre wie auch die seelische Färbung zum Ausdruck.

Anhand des Lautes *R* soll versucht werden, einige Aspekte des «Gefühls» aufzuzeigen. Das *R* verbindet sich kraftvoll mit dem Umkreis und hat eine große Sphäre. Die Seele geht zunächst in Sympathie mit der Außenwelt mit. Rudolf Steiner beschreibt das *R* daher oft als ein Mitgehen mit Vorgängen in der Welt: «mitgerissen sein, wenn der Wind davonweht», «rollen wie ein Rad», «das Drehende», «das Wälzende». Aber nicht alles ist Sympathie für die Welt beim *R*: im Zurückziehen der Bewegung zur Gestalt drückt sich ein großer Anteil von Antipathie gegenüber der Welt aus. Verbindet sich die Seele aber sympathisch mit *sich*, dann entsteht die *R*-Bewegung, die Rudolf Steiner als ein «egoistisches Behalten des Erzeugten» beschreibt. Rudolf Steiner beschreibt das *R* auch als eine Bewegung, die «zwischen der Hingabe und der Selbstbehauptung mitten drinnenliegt.» Das *R* umfaßt wie kaum ein anderer Laut die ganze Spannweite des «Gefühls».

Schauen wir uns vom Gesichtspunkt der «Bewegung» schon beschriebene Laute nun vom Gesichtspunkt des «Gefühls» an.

K – Hat eine kleine Sphäre. Es greift die Außenwelt antipathisch an. Es lebt in der Selbstbehauptung, wirkt aggressiv.

M – Hat eine in sich geschlossene, eher kleine Sphäre, verbindet sich aber in großer Sympathie mit der Umgebung, diese erwärmend.

F – Hat eine schmale, sich aushauchende Sphäre. Verbindet sich mitteilend mit der Welt. Insofern es *mitteilt*, verbindet es sich sympathisch, insofern *es* mitteilt, drückt es eine leise Selbstbehauptung aus: «Wisse, daß ich weiß».

G – Hat eine sehr große Sphäre – vielleicht die größte von allen Konsonanten – und hat eine deutliche Antipathie-Haltung gegenüber der Welt; lebt in der Selbstdarstellung, im Selbsterleben.

T – Hat eine große Sphäre, die aus Sympathie mit dem Höheren das Geistige mit dem Menschen verbindet: «Tao». (Wird das «T» sympathisch auf die eigene Seele bezogen, kann «Stolz» oder «Trotz» entstehen.)

Wie die «Bewegung» das Verhältnis der Seele zur Leiblichkeit offenbart, so das «Gefühl» das Verhältnis der Seele zur Welt. – Das «Gefühl» wird von der «Bewegung» getragen. So, wie die «Bewegung» die ätherisch-leibliche Grundlage der Lautbewegung ist, ist das «Gefühl» ihre seelische Fülle. In ihr ist der Wärmeatem wirksam. Das «Gefühl» ist der Wärmeatem auf der Stufe der Lautbildung.

Der «Charakter»

Wenn man sich ganz auf den «Charakter» der Lautbewegungen konzentriert, merkt man, wie die Bewegungen festere Konturen bekommen. An bestimmten Stellen der Gestalt wird die Bewegung wie angehalten. Dieses An- oder Festhalten der Bewegung ist der in die Sichtbarkeit getretene, ursprüngliche Bewegungsimpuls (siehe auch die Ausführungen von Werner Barfod, Seite 85). Es ist der «Charakter», der die *Intention* der Bewegung offenbart. Die Intention gibt von Anfang an – im Übersinnlichen – das Ziel des ganzen Bewegungsablaufes, wird aber erst sichtbar, indem sie als «Charakter» in den äußeren Bewegungsablauf eingreift, ihn abschließt.

Dies zeigt, daß der «Charakter» in zweifacher Weise die Lautbewegung bestimmt: auf der einen Seite, indem er von vornherein *übersinnlich* das Ziel, die Endgestaltung vorgibt und dadurch den *zeitlichen* Ablauf der Bewegung vorbestimmt. Daß es beispielsweise nicht eine halbe Stunde dauert, bis ich mit dem *B* ankomme, sondern einige Sekunden, liegt daran, daß ich meiner *B*-Bewegung im voraus eine Intention geistig vorausschickte. Auf der anderen Seite schließt der «Charakter» den *äußeren* Bewegungsablauf ab. Er greift in den *Zeitstrom* der Lautbewegung ein, ihn anhaltend. Der «Charakter» ist also die geistige Kraft, die der ganzen Lautbewegung ihre *Zeitgestalt* verleiht, die den Bewegungsstrom des Lautes anhält.

Im Vortrag vom 23. März 1913[51] schildert Rudolf Steiner, wie durch den geschulten Ätherleib der Mensch einen dreifachen Zeitstrom erleben kann: einen aus der Vergangenheit kommend, der erlebt wird als ein *Mittragen der Zeit in die Gegenwart* hinein; einen zweiten in der Gegenwart lebend, der als ein *genaues Mitschwimmen mit der Zeit* erlebt wird, und einen dritten aus der Zukunft, der erlebt wird als ein *Gegen-die-Zeit-sich-Stemmen*. Je nach Temperament hat der Mensch dieses oder jenes Zeitgefühl stärker ausgeprägt.

«Je mehr sich der Ätherleib des Menschen verändert unter dem

Einfluß einer esoterischen Entwickelung, desto mehr bekommt der Mensch dasjenige, was man nennen möchte ein Zeitgefühl (...) für das Miterleben der Aufeinanderfolge der Tatsachen und Ereignisse in der Zeit».[52]

«Beim Melancholiker liegt in der Tat das zugrunde, daß er stets ein von ihm in der Zeit Erlebtes, ein Vergangenes in sich mitträgt. (...) Bei dem Phlegmatiker und Sanguiniker haben wir eine Art Mitschwimmen mit der Zeit; nur daß beim Phlegmatiker gleichsam ein vollständiges gleichmäßiges Mitschwimmen mit dem Strom der Zeit vorhanden ist, während der Sanguiniker wechselt zwischen sozusagen innerem schnelleren Erleben und langsamerem Erleben gegenüber dem äußerlich verfließenden Strom der Zeit. Dcr Choleriker dagegen stemmt sich ... gegen die Zeit, die heranrückt, die gleichsam aus der Zukunft uns zufließt.»[53]

In die Sprache der Eurythmie übersetzt, sind die Laute die «Tatsachen und Ereignisse», die nun aber nicht nur «miterlebt», sondern gestaltet werden durch die Bewegung. Durch ein bewußtes Ergreifen dieser drei Zeitqualitäten *in der Bewegung* kann der Eurythmist die Zeitgestalt des Lautes sichtbar machen.

Es gibt Lautbewegungen, deren «Charakter» auf den Ablauf der Bewegung wie *retardierend* wirkt, sie nehmen die Zeit mit, tragen die Vergangenheit in die Gegenwart hinein. Andere Laute haben einen «Charakter», der geradezu den Bewegungsablauf *drängt* oder beschleunigt. Sie kämpfen wie gegen das Zeitliche, tragen die Zukunft in die Gegenwart hinein. Letztlich gibt es Laute, die durch ihren «Charakter» in der Gegenwart beheimatet sind; sie schwimmen mit der Zeit. Es soll nun versucht werden, anhand der drei Laute *K*, *M* und *L* dies zu veranschaulichen.

K – Wir haben gesehen, wie in der «Bewegung» *K* die Seele unmittelbar in die Schwere fällt, sich mit der Leiblichkeit inkarnierend verbindet. Im «Gefühl» stellt sich die Seele aggressiv der Welt gegenüber, mit einer kleinen, gehaltenen Sphäre. Wie lebt die Seele in der Zeit? *K* kommt sehr hart und schnell an. Zeitlich gesprochen stemmt es sich gegen die Zeit. Im Zeitstrom stellt es sich unmittelbar in die *Zukunft* hinein.

M – Wir haben gesehen, wie *M* in der «Bewegung» im Eintauchen, in einem allmählichen Sich-Verbinden mit der Leiblichkeit lebt. Im «Gefühl» lebt es in der warmen Hingabe zur Welt. Wie lebt es in der Zeit? Seinen «Charakter» könnte man beschreiben als ein langsames, bedächtiges Durchdringen mit Widerstand. *M* nimmt die Zeit mit. Es ist im Strom des *Vergangenen* drinnen und trägt ihn in die Gegenwart hinein.

L – Seine «Bewegung» wurde beschrieben als ein immerwährendes Abwechseln zwischen Licht und Schwere. In seinem «Gefühl» lebt eine starke, ihn stets umwandelnde Sympathie zur Umgebung. Welcher «Charakter» dirigiert dieses Geschehen? Nur einer, der das Gleichgewicht zu halten vermag. Das *L* lebt in der Gegenwart, schwimmt mit der Zeit zwischen Vergangenheit und Zukunft.

An diesen drei Lauten läßt sich das Erleben der Zeit in besonders klarer Weise zeigen.

Zusammenfassend kann man sagen: im «Charakter» ist der höhere Wille, die Intention wirksam. Dieser höhere Wille offenbart sich in der Art, *wie* die Zeit ergriffen wird. Der «Charakter» ist der *Lebensatem* auf der Stufe der Lautbildung.

Die farbige Eurythmiefigur

Im bereits zitierten Vortrag vom 23. März 1913[54] wird auch geschildert, wie die drei Zeitströme, *von außen angeschaut*, dem Hellsehen sich farbig offenbaren. Das Farbspektrum wird folgenderweise dargestellt:

Vergangenheitsstrom	(um das Haupt) – Melancholiker –	→ blauviolett
Gegenwartsstrom	(um die Mitte) – Phlegmatiker, Sanguiniker –	→ grün oder gelbrötlich

Der Zukunftsstrom	(um den unteren Menschen) – Choleriker –	→ rötlich

Es ist geradezu verblüffend, diese Angaben hinsichtlich der, man könnte sagen «Farbigkeit der Zeit» zu vergleichen mit Rudolf Steiners Farbangaben für den «Charakter» von *M*, *L* und *K*, wie sie in den Eurythmiefiguren erscheinen. Die Farbangaben für den «Charakter» sind folgende:

M –	Violett	(Vergangenheit)
L –	Orange	(Gegenwart)
K –	Zinnoberrot	(Zukunft)

Im Untersuchen der farbigen «Charaktere» anderer Laute ergibt sich dieselbe Korrespondenz. Die *Farbe* des «Charakters» bringt eine *Zeitqualität* zum Ausdruck.

Wovon sind die Farben des «Gefühls» und der «Bewegung» Ausdruck? Nehmen wir am besten ein Beispiel: das *B*. Seine Farbangaben sind:

Bewegung	– Gelb
Gefühl	– Blau
Charakter	– Rot

Die gelbe Farbe der «Bewegung» drückt die Art aus, wie die Seele die Leiblichkeit ergreift. Durch das Gelb ergreift die Seele die Gestalt so, daß sie sie durchlichtet und über die Schwere erhebt. Dies wäre die Sprache des Gelbs auf der Ebene der «Bewegung».

Die blaue Farbe des «Gefühls» drückt die Art aus, wie die Seele sich in das Verhältnis zur Welt setzt. Durch das Blau kann sich die Seele von der Welt aufgenommen fühlen, kann sich aber auch von der Welt abschließen, sich selber umhüllen. Im *B* geschieht beides. Dies wäre die Sprache des Blaus auf der Ebene des «Gefühls».

Die rote Farbe des «Charakters» drückt die Art aus, wie die Seele im Zeitstrom lebt. Durch das Rot lebt die Seele vom Zukünftigen impulsiert. Das Rot drängt zur Gestaltung. Dies wäre die Sprache des Rots auf der Ebene des «Charakters».

Je nachdem, in welchen Zusammenhang sie gebracht wird, spricht die Farbe eine andere Sprache. Dieselben drei Farben des *B* in anderen Lautzusammenhängen würden etwas anderes ausdrücken (das rote «Gefühl» von *T* z. B. ist kein Ausdruck eines Zeitlichen wie beim *B*, sondern eben eines Seelischen).

Auf der einen Seite der Eurythmie haben wir die Urphänomene, aus denen all ihre Bewegungen hervorgehen: der Lichtatem, der Wärmeatem und der Lebensatem. Sie sind das Allgemeine. Auf der anderen Seite haben wir die farbigen Eurythmiefiguren, in denen ein für jeden Laut typischer Moment der Bewegung bildlich festgehalten ist: das Spezielle, in welchem das Allgemeine wirksam ist. In der Mitte haben wir «Bewegung», «Gefühl» und «Charakter», die eurythmischen Kunstmittel, die das Allgemeine mit dem Speziellen, das Spezielle mit dem Allgemeinen verbinden.

Rückblick und Ausblick

Die eurythmische Urgebärde des Ballens und Spreizens ist beschrieben worden als ein Zusammenklang von Lichtatem – Wärmeatem – Lebensatem. Darin ist jede sprachlich-seelische Nuancierung auszudrücken. Es ist versucht worden, in verschiedensten sprachlichen Bereichen Offenbarungen der Urphänomene aufzuzeigen (z. B. Intention – Sphäre – Zone) und auf die künstlerisch-praktische Auswirkung hinzuweisen. Dabei wird deutlich, daß in der Eurythmie immer die ganze Seele sehr differenziert in der Gebärde ihren sichtbaren Ausdruck findet. Zugleich sind die Urphänomene das Werkzeug des Ich-Wesens, um in der Urgebärde des Ballens und Spreizens und den verschiedenen eurythmischen Bewegungen qualitativ differenziert gestalten zu können. Diese Werkzeuge des Ich werden zum sichtbaren Abdruck in der eurythmischen Gebärde.

Es wäre die Aufgabe einer weiteren Veröffentlichung aufzuzeigen, wie die Urphänomene bei der Bildung der Laute, der Konsonanten und der Vokale – die eben jeweils den spezifischen Zusammenklang urbildhaft offenbaren – sich qualitativ auswirken.

Anhang

DIE SPRACHE ALS BEWEGER DES EURYTHMISCHEN RAUMES

Werner Barfod

Der im folgenden abgedruckte Artikel, der noch einmal von einem anderen Gesichtspunkt aus die dreifache Sprachgebärde Intention – Sphäre – Zone behandelt, entstand aus einer engen Zusammenarbeit und intensiven Gesprächen zwischen Werner Barfod und Thomas Göbel. Er erschien zum ersten Mal im «Tycho-de Brahe-Jahrbuch für Goetheanismus 1990», hrsg. von Heinrich Brettschneider u. a., Niefern Öschelbronn 1990.

Der Abdruck erfolgt mit freundlicher Genehmigung der Herausgeber

Die Eurythmie als Bewegungskunst ist inzwischen Bestandteil des kulturellen Lebens der Gegenwart. Jeder hat die Möglichkeit, sie kennenzulernen. Unter allen Künsten ist sie die jüngste und erst zu Beginn des 20. Jahrhunderts durch Rudolf Steiner geschaffen worden.

Die Kunstszene der Gegenwart zeigt einen prinzipiellen Bruch aller Künste mit ihren Traditionen. In der Musik, der Malerei, der Plastik, der Dichtung – überall wird experimentell nach neuen Formen und Inhalten gesucht. Seit ein, zwei oder gar drei Generationen befindet sich die Kunst in einem Umbruch. Keine Regel, kein Kanon werden mehr akzeptiert, wenn sie dem Künstler als normatives Kunstgesetz entgegentreten. Das Ich des Künstlers will die Quelle der Kunst sein, nichts darf mehr aus Konvention entstehen.

Unter den künstlerischen Arbeitsweisen, die nur durch das Ich des Menschen wirksam werden können, ist die eurythmische die älteste. Der eurythmische Prozeß kann nicht anders erscheinen, als durch das Ich geschöpft. Vom Künstler selber muß er ins Bewußtsein gehoben werden. Danach sucht heute jede moderne Kunst. Hier ist die

Eurythmie Wegbereiter. Sie braucht allerdings eine Erkenntnisgrundlage der für sie wesentlichen menschenkundlichen Elemente, denn als eine ichgeführte Arbeit benötigt sie den gedanklichen Vorentwurf, wenn sie nicht im Stadium der Nachahmung verbleiben will. In diesem Sinn braucht jede moderne künstlerische Arbeitsweise eine Erkenntnis ihrer menschenkundlichen Grundlage. Aus diesem Grund hat Rudolf Steiner die Fundamente der sozialen Künste, die wie die Eurythmie junge Künste sind, auf einer Menschenkunde errichtet, die es zu ergreifen gilt. Das heißt, den künstlerischen Prozeß mit dem eigenen Bewußtsein zu durchdringen, und das heißt weiter, durch eine praktische Arbeitsweise Kunst und Wissenschaft miteinander zu verbinden. Für Goethe war dies ein Lebensziel, und mit ihm hatte der ganze deutsche Idealismus dieses Anliegen. Insofern ist die Eurythmie eine goetheanistische Kunst. Das aber hat sie unter Beweis zu stellen. Die Zeit ist reif dafür, und die Eurythmie als Ich-Kunst sui generis hat hier den anderen Künsten «Ich-Stil» vorzuleben.

Was für den Künstler gilt, hat natürlich seine Rückwirkung auf den Betrachter. Da moderne Kunst das Ringen der Persönlichkeit mit sich selbst ist, muß der Betrachter seine Zuschauerposition verlassen, will er dem Wesen der Sache nahe kommen. Er muß das schaffende Ringen des Künstlers in umgekehrter Richtung nachvollziehen. Hier soll versucht werden, dem Betrachter goetheanistische Arbeitsmittel darzustellen, die er zum Instrument machen kann, um aktiv in den eurythmischen Kunstgenuß eintauchen zu lernen.

Wenn sich der Vorhang zu einer Eurythmieaufführung öffnet, sieht der Betrachter sich bewegende Menschen und Menschengruppen. Eurythmie erscheint als Einheit von Zeit und Raum, denn das ist Bewegung. In dieser Tatsache soll der Ausgangspunkt gesucht werden.

Eine Bewegung als solche ist noch nicht Eurythmie. Der Betrachter bemerkt sehr schnell, daß sich im Bewegungsreigen etwas ausdrückt, dem es auf die Spur zu kommen gilt. Um einen Ausgangspunkt zu gewinnen, können wir uns fragen, ob Raum und Zeit, die die Bewegung konstituieren, trennbar sind. Das geht nur im Denken. Hier können wir die Bewegung ohne räumlichen Ort denken und den

Raum ohne Bewegung; vorstellbar ist nur das letztere. Möglich ist dagegen, die Aufmerksamkeit intentional mehr auf die Bewegung oder mehr auf die Raumfigur zu lenken. Im ersten Fall wachen wir mehr für das «Langsam-bis-schnell», im zweiten mehr für das Links-Rechts, Vorne-Hinten und Oben-Unten auf. Das hat aber die eurythmische Bewegung mit jeder anderen gemeinsam, z. B. mit der Tierbewegung, den quellenden Wolken, dem fließenden Wasser.

Was unterscheidet die eurythmische Bewegung von allen anderen Bewegungen, die sich ebenso als Raum-Zeit-Gefüge erweisen – oder gibt es einen prinzipiellen Unterschied gar nicht?

Wir beginnen mit einer Beobachtungsaufgabe: Wie – so soll beobachtet werden – erleben wir unseren eigenen Leib von innen? Man setze sich, sammle sich zur Ruhe und lasse sich auf diese Beobachtung ein. Jeder wird bemerken, daß er die Grenzen seines Leibes von innen her ähnlich einem Tasterlebnis empfinden kann. So kann man für die Lage aller Glieder aufwachen. Dafür ist eine kontemplative ruhige Gelassenheit als Seelenstimmung eine gute Hilfe.

Nun bringen wir eine seelische Aktivität hinzu und erzeugen in uns eine freudige Stimmung, ohne unsere Lage zu verändern. Daraufhin beobachte man, wie sich die Wahrnehmung der inneren Leibesgrenze zu dieser Stimmung verhält. Jetzt erlebt man eine Diskrepanz. Im Verhältnis zur Freude ist der Kopf zu gesenkt, der Rücken zu krumm, die Arme liegen zu tief und so weiter. Diese Diskrepanz zeigt, daß der «Raum», den die Seele in der Freude erfüllen will, nicht mit der Raumgestalt übereinstimmt, die der Leib einnimmt. Die Harmonisierung von tatsächlicher Lage und «Freuderaum» kann aber durch eine Bewegung leicht hergestellt werden. Versuchen wir das: Wir stehen auf, der Kopf hebt sich mit dem Blick, die Arme breiten sich aus, vielleicht bewegt sich auch das linke Bein einen halben Schritt nach vorn.

Die Besinnung auf die Beobachtungsfolge zeigt, daß es mehr als *einen* Raum geben muß und daß die Zeit einen Impuls der Seele braucht, um den Raum verwandeln zu können. Wir wenden uns zuerst dem Raum zu. Er läßt sich in einen äußerlich sichtbaren Umgebungsraum, einen von innen erlebten Leibesraum und einen Seelenraum differenzieren. Ob die beiden erstgenannten verschieden voneinander sind oder nicht, läßt sich hier noch nicht sagen. Der Seelenraum aber ist qualitativ etwas anderes. Er hängt mit dem (von innen erlebten) Leibesraum deutlich zusammen und beide wiederum mit dem gegenständlichen Raum unseres Leibes. Das sieht man an der Wirkung unserer Übung auf einen externen Beobachter. Als wir uns in den «Freuderaum» begeben haben, hätte dieser gesehen, daß wir aufstehen, den Kopf heben und so weiter. Nur wäre er außerstande gewesen zu beurteilen, weshalb wir aufgestanden sind. Er würde den Grund wohl kaum erraten.

Was ist das nun für ein Innenraum, auf den wir experimentell aufmerksam geworden sind? Wenn wir auf dem Boden unserer Beobachtungen stehen bleiben und noch einmal unseren Leib von innen wahrnehmen, so müssen wir uns sagen, daß das ein Sinneserlebnis ist, weil es vollständig an unseren physischen Leib gebunden ist. Es ist der tätige Lagesinn, für dessen Wahrnehmungsinhalt wir wach geworden sind. Der Lagesinn ist die eine Hälfte des «Bewegungs- und Lagesinns», durch den wir Gestalt und Bewegung unseres Leibes auffassen.[55] Das Erstaunliche ist aber, daß wir, wie unser Experiment zeigt, die Wahrnehmungsinhalte vom Objekt, also von der Gebundenheit an unseren Leib loslösen können. Das war in dem Moment der Fall, als wir die Freude erzeugt haben und die Diskrepanz der «Freudelage» zur wahrgenommenen Lage erlebbar wurde. In diesem Moment muß die Freudelage des Raumes eine allein seelische und nicht leibgebundene gewesen sein. In der harmonisierenden Bewegung haben wir beide wieder zur Deckung gebracht. Daß eine *Lageempfindung an Gemütsinhalten* wahrgenommen werden kann, ist das Überraschende. Das heißt erstens – und was für einen der Sinne gilt, das gilt für alle –: Die Sinnesqualitäten sind nicht notwendig an das Sinnesobjekt und an das Sinnesorgan gebunden. Und das heißt zweitens – und das ist das Bedeutsame –: Die Sinnesqualitäten sind gar kein Produkt von Sinnesorgan und Sinnesprozeß. Sinnesorgane und Sinnesprozesse können nur die Werkzeuge sein, durch die die Sinnesqualitäten dem Sinnesbewußtsein zugänglich werden. Sonst wäre es nicht möglich, die «Empfindung der Lage des ganzen Leibes» nicht nur am Leib selber, sondern auch an der «Freude», einem reinen Seeleninhalt erleben zu können. Wenn das möglich ist, müssen die Qualitäten, die die Sinnesorgane vermitteln, selber der Seelenwelt angehören. Das heißt: Die Qualitäten, die die Sinnesorgane vermitteln, sind nichts anderes als Seeleninhalte.

Für die gegenständliche Wahrnehmung sind die Prozesse der Sinnesorgane die Werkzeuge für die Sinnesinhalte des vorstellenden Bewußtseins. Für die Sinnesqualitäten aus der Seelenwelt ist die Phantasie das Werkzeug, um die durch die Sinnesorgane gewonnenen Lagequalitäten dem Seeleninhalt «Freude» anzugleichen. Diesen Prozeß bewußt zu führen und exakt zu beobachten, ist Ich-Tätigkeit. Die Phantasie ist auf diese Weise unter die Herrschaft des Ich gekommen. Sie ist beobachtbar und damit bewußt einsetzbar geworden.

An dieser Stelle öffnet die weitere Arbeit eine ganze Welt, die Welt der neuen, der vom Ich geführten Kunst. Deren Arbeitsmittel ist die Phantasie, und ihr Arbeitsgegenstand ist eine Welt, von der wir sagen müssen, daß sie uns erscheint, «als ob» sie sinnlich sei.

Wir fassen zusammen: Die Phantasie dient dem modernen Kunstbedürfnis, wenn sie von der «beobachtenden Instanz in uns», vom Ich geführt wird. Diese Phantasieinhalte bringen eine «Als-ob-Welt» hervor, in der Gesetzmäßiges so herrscht, daß es als objektiv gelten kann.

Im besonderen sind die vom Sinnesorgan unabhängig gewordenen und daher leibfreien Qualitäten des Bewegungs- und Lagesinns die Materialien der eurythmischen Kunst. In unserem Eingangsexperiment haben wir die am eigenen Leib gewonnene Lagewahrnehmung von der an der «Freude» gewonnenen unterschieden. Die erste Wahrnehmung ist die leibgebundene, die zweite die leibfreie. Die leibfreie, durch die exakte Phantasie gewonnene Wahrnehmung gehört der Welt des «Als-ob», der Welt der Kunst, an. Aber in dem so gewonnenen Zustand sind die «Als-ob-Qualitäten» für die Eurythmie noch nicht voll brauchbar. Der Als-ob Raum der Eurythmie wird gewonnen, wenn wir seine Bewegungs- und Lage-Qualitäten mit weiteren Als-ob-Sinnesqualitäten ausstatten. Erst danach ist dieser Raum auf seine Bewegungs- und Gestaltungsmöglichkeiten hin zu durchforschen. Wenn wir das geleistet haben, sind wir durch die Phantasie in den eurythmischen Raum eingetreten.

In weiteren Übungsschritten muß der Eurythmist seinen physischen Leib zu einem Instrument umschaffen, das ihn fähig macht, seine äußere sinnliche Erscheinung so zu bewegen, als ob sich die geistige Welt bewege. Der Zuschauer muß durch die sinnliche Erfahrung auf die Als-ob-Welt blicken können. Die Gestalt muß durchsichtig werden für die unsichtbare Welt. Das ist ein weiter Weg, über den hier nicht zu sprechen ist.

Wir bleiben bei unserer Aufgabe und wenden uns der weiteren Erforschung des leibfreien Raumes zu, der bisher nur die Qualitäten von Bewegung und Lage enthält. Dazu zaubern wir noch einmal die Gestalt der Freude vor unsere Seele und fragen, wie in dieser hell und dunkel verteilt sind. Da ist viel Helligkeit und wenig Dunkel zu entdecken. Die Helligkeit will sich flackernd mit «oben» verbinden. Diesen Prozeß kann man beschleunigen oder verlangsamen. So läßt sich viel experimentieren und man wird darauf aufmerksam, daß man auch willkürlich tätig werden kann. Diese Welt ist durch unseren Willen nicht nur beherrschbar und gestaltbar, sondern der Wille in der Phantasie bringt sie überhaupt erst hervor. Hier sind wir Schöpfer und nicht etwa Geschöpf wie in der Gegenstandswelt. Sind wir aber Schöpfer, so sind wir auch verantwortlich für alles, was entsteht, auch für die Wirkung, die eine Kreation auf die Zuschauer hat. Das Problem um den Kampf zwischen schön und häßlich kann in unserem Zusammenhang nicht bearbeitet werden. Aber wir entschließen uns, keine Willkür in den Als-ob-Raum zu bringen und beobachten, wie sich der «Eigenwille» der Helligkeit mit dem Freuderaum verbinden will. Das Licht hat seine Quellen hinten, oben, leuchtet durch unser Herz nach vorn und erweitert milde flackernd seinen Schein. Der umgebende Raum ist abgeschattet, aber nicht dunkel, er ist einfach weniger im Bewußtsein.

Erzeugen wir in uns einen seelischen Schmerz, so verwandelt sich das Licht in Dunkelheit, ja in Finsternis. Diese kommt uns von vorn unten entgegen, durchsticht das Herz und verliert sich im hinteren Raum. – Was wir so durch die Verknüpfung von Gemütsinhalten mit Sinnesqualitäten gewonnen haben, läßt sich vom Gemütsinhalt ebenso loslösen, wie wir die Sinnesqualitäten aus ihrer Gebundenheit an den Gegenstand gelöst haben. Die Sinnesqualitäten ordnen sich zueinander im Als-ob-Raum in eine Komposition, die sie durch eine Eigenaktivität erreichen, die sie in dieser Welt besitzen und die ihnen in der Sinneswelt fehlt. Lassen wir uns auf dieses Eigenleben der Sinnesqualitäten ein, so gut es ohne einen ordnenden Gemütsinhalt und unter Vermeidung der Willkür geht, so bewegt sich die Helligkeit nach oben und die Finsternis nach unten. Dazwischen ordnen sich die Farben. Gelb unter dem Hellen, Dunkelblau über dem Dunklen. Im Zentrum ballt sich das Rot, über ihm Orange, unter ihm das Violett. Der Lageraum ist auch ein Farbraum. Allerdings ordnen sich die Farben darin nicht in horizontalen Schichten. Darauf wird man aufmerksam, wenn das Verhalten der Farben im einzelnen beobachtet wird. Die deutlichste Gebärde zeigt das Rot, es ballt sich und brodelt. Das Gelb oben strahlt und will sich mit der Geraden verbinden. Das Blau hüllt ein und öffnet sich aus seinem Zentrum. Violett will Schale werden, in deren Grund es dunkel glüht, und das Orange wird zur Kuppe, die heranleuchtet. Diese Farbgestalten erfüllen den Farb- und Lageraum und spielen miteinander, je nachdem, wie man die Aufmerksamkeit richtet.

In einer weiteren Verwandlung ist der farbige Lageraum auch ein Wärmeraum. Von oben strahlt die Wärme, unten ballt sie sich, dazwischen gibt es eine behagliche Mitte. Auch die Kälte wirkt in diesem Raum. So ist es auch mit Schwere und Leichte. Die Schwere zieht nach unten, die Leichte strebt nach oben.

Wir sind zum Schluß nicht mehr experimentell vorgegangen, sondern haben nur noch Ergebnisse mitgeteilt. Wer will, kann diese und andere Experimente leicht selber machen, denn den methodischen Ansatz haben wir vorgestellt. Auf diesem Wege läßt sich ein Als-ob-Raum entdecken, der zwar nicht ganz ruhen kann, aber doch zu einer gewissen Ruhe kommt, wenn wir ihn durch Gemütsinhalte nicht anstoßen. Er bildet sich aus einer Symbiose freier Sinnesqualitäten, die sich aus denen des Lage- und Bewegungssinnes, des Sehsinnes, Wärmesinnes und Tastsinnes (leicht-schwer) zusammenschließen, um sich gegenseitig im Gleichgewicht zu halten.

Wie verhält sich dieser Raum, in dem sich die Eurythmie nun lebendig entfalten kann, zur Seele des Menschen?

Wir haben diesen Raum von zwei Seiten her entdeckt. Einmal vom physischen Leib her, wo er mit der innerlich empfundenen eigenen Gestalt kongruent ist. Von der Seele her haben wir ihn als bewegt erlebt, und diese Bewegung kann sich ins Dramatische steigern. Dabei haben wir Freude und Schmerz als die Beweger kennengelernt, die sich in ihm darstellen. Mit allen Gemütsinhalten, nicht nur mit den beiden untersuchten, ist eine Bewegungsgestalt in Übereinstimmung zu bringen. Die Gemütswelt und die Gefühle sind aber allein Inhalt unserer Seele. Daß der eurythmische Raum nicht mit dem physischen verwechselt werden darf, haben wir gezeigt. Er darf aber auch nicht mit unseren Seeleninhalten verwechselt werden, auch dann nicht, wenn diese ihn bewegen. Wie sich Gemüts- und Gefühlsinhalte zum eurythmischen Raum verhalten, ist eine ziemlich wichtige Frage. Noch einmal: Daß wir diesen Als-ob-Raum in einwirbelndes Farb-Wärme-Leichte-Schwere-Kälte-Dunkel-Gefüge bringen können, ist gar keine Frage, wir brauchen unserer Emotionalität nur den Zutritt gestatten. Selbstverständlich läßt sich das auch kultivieren und künstlerisch durch den Leib ausdrücken, was Mary Wigmann in ihrem Ausdruckstanz versuchte. Gret Palucca und Harald Kreutzberg, um noch zwei Namen zu nennen, haben den Ausdruckstanz zur Meisterschaft gebracht. Und wenn ein Komponist diese wogenden Gemüts-Seeleninhalte auch noch hörbar machen kann, um den Tanz zu erhöhen, dann haben wir einen genußreichen Abend vor uns, den anzusehen sehr empfohlen werden kann. Aber Eurythmie sehen wir nicht.

Der eurythmische Raum ist aus Sinnesqualitäten so gewoben, wie diese Qualitäten ihn durch ihr Eigensein weben wollen. Er ist zwischen der unbewegten organgebundenen Gegenstandswelt und dem flutenden Seeleninneren zu entdecken, wenn sich der Vorhang zwischen beiden öffnet. Wenn wir den Gegenstandsraum und den Seelenraum auseinander rücken, erscheint der Raum der Eurythmie in der Welt des Als-ob. Wenn unsere Seele ihren Eigengehalt hier nicht darstellen soll, was dann? Dann kann sie sich zum Diener eines Höheren machen. Eines «Höheren» insofern, als sich in der Dichtung und in der Musik etwas offenbart, das aus einer Welt stammt, die über der Seelenwelt deshalb zu finden sein muß, weil sie Seelisches gestaltet und zum Kunstwerk macht. Die Seele muß zum Werkzeug werden, das mit seinen Bewegungsmöglichkeiten ein Geistiges in den eurythmischen Raum trägt. Dann wird der eurythmische Raum nicht mehr Seeleninhalte in Bewegungsmustern zeigen, sondern seelisch bewegt ein Geistiges offenbaren. Das «Wie» zeigt uns das folgende Experiment. Dazu stellen wir die erste Strophe eines Gedichtes von Nelly Sachs[56] vor:

Schmetterling

Welch schönes Jenseits
ist in deinen Staub gemalt.
Durch den Flammenkern der Erde
durch ihre steinerne Schale
wurdest du gereicht,
Abschiedswebe in der Vergänglichkeiten Maß.

Es ist natürlich möglich, den Gedanken, hier darf man sogar sagen Ideengehalt, dieser Strophe zu erschließen. Obwohl das hier nicht die Aufgabe ist, sollen zwei Phänomene angeführt werden, die vielleicht nicht jeder kennt, die aber zum Erfassen des Ideengehaltes hilfreich sind: Es gibt Schmetterlinge, die mit rückgebildeten Verdauungsorganen aus der Puppe schlüpfen, um in der Welt der Vergänglichkeit keine Nahrung mehr aufzunehmen. Die innere Leibessubstanz jeder Raupe wird während der Verpuppungszeit bis auf einen winzigen Rest vollständig aufgelöst und umgeschmolzen, im *Flammenkern der Erde*, sagt Nelly Sachs. Durch dieses Mittel erscheint im Schmetterling die Schönheit des Jenseits. Das zur Einstimmung für diejenigen, die für ihre Seele den intellektuellen Zugang brauchen, um staunen zu können.

So möge sich jeder auf seine Weise mit dem Gedicht erst einmal in Ruhe verbinden, um sich fragen zu können, wie das Gedicht hinsichtlich der hier behandelten Teilaspekte auf den eurythmischen Raum wirkt, wenn es in ihn eintritt. Hier kann das Gedicht nichts anderes tun, als sich als Raumbildner, als Plastiker und Beweger zeigen. Das bemerkt man schon beim ersten Versuch, der jetzt angestellt werden soll. Um auf das «Wie» der Wirkung des Gedichtes zu kommen, beobachten wir die Verwandlungen erst einmal der Lage nach. *Welch schönes Jenseits*: für sich allein genommen erscheint diese Zeile oben im Raum und ruht dort. *ist in deinen Staub gemalt*: wieder für sich allein genommen breitet sich die zweite Zeile unten aus. Man untersuche beide Zeilen mehrmals und lasse auch Willkür walten, um herauszufinden, wo nun ganz genau ihre Lage ist. Hat man sie, so verbinde man beide Zeilen: *Welch schönes Jenseits / ist in deinen Staub gemalt*. Dabei setzt eine Bewegung ein, die die Lage der ersten Zeile in die der zweiten überführt. Man bemerke dabei, daß die erste Zeile ein viel größerer, nach oben offener Raum ist, als die zweite. Auch ist der Raum der ersten Zeile viel ferner als der der zweiten. Aus diesem zieht sich die Bewegung zur zweiten Zeile zusammen. Diese steht unserem beobachtenden Blick nahe und vor ihm. Inzwischen können wir beide Zeilen auswendig und wenden uns ihnen noch einmal zu. Man rücke von der Erinnerung her beide Zeilen als Ganzes wie ein Tableau vor die Seele. Hat man beide Zeilen als Tableau vor sich stehen, so setzen Sprache und Bewegung nicht ganz zeitgleich ein. Aus dem Raum, fern, oben, offen, löst ein Impuls die Bewegung aus, und die Sprache folgt. Gewinnt man durch weitere Übung einen Standpunkt, der einem überschauenden Blick gleicht, so wird die Pause zwischen beiden Zeilen zum alles entscheidenden kompositorischen Bestandteil. Sie ist der bewegteste Moment im Ganzen. Das deutet sich im *Jenseits* schon dadurch an, daß der Blick auf die zweite Zeile als ganze fällt, ehe sie rezitatorisch erscheint. Die zusammenziehende, hinabführende Kraft erfüllt die Pause mit großer Intensität und klingt in der zweiten Zeile ab: *ist in deinen Staub gemalt*. Bei *gemalt* breitet sich der Raum wieder etwas zur Ebene unten aus.

Einen entschiedenen und völlig eindeutigen Charakter haben beide Zeilen im Raum aber immer noch nicht gefunden. (Wir verwenden im folgenden nur noch «Raum», gemeint ist jeweils der eurythmische.) Etwas zu Weiches, Unbestimmtes haftet den Zeilen noch an. Weder *Jenseits* noch *Staub* haben wirkliche Kraft. Diese erhalten sie, wenn wir auf weitere Qualitäten des Raumes die Aufmerksamkeit lenken. Wir werden gewahr, daß das *Jenseits* im Licht, der *Staub* in der Schwere zu Hause sind. Sie leben ihr Wesen erst dann aus, wenn wahrgenommen werden kann, wie das *Jenseits* seinen

Lichtcharakter in die Schwere des Staubes raumbewegend trägt und die Schwere des Staubes sich intentional fähig macht, das Licht als Farbe aufzunehmen.

Üben wir das Ganze noch einmal: Wir bauen kontemplativ den Raum auf, begaben ihn mit Licht und Schwere und haben die beiden Zeilen als Tableau vor uns stehen. Der Wille setzt ein, der Lichtcharakter ergreift den oben offenen, fernen Raum, er kommt in Bewegung, sich nach vorn unten zusammenziehend und verdichtend, um in der jetzt samtigen Ebene, nahe unter dem Blick die Schwere färbend, zu verklingen. Man braucht kaum noch die Worte, um das lesen zu können.

In derselben Art wenden wir uns nun den mittleren drei Zeilen und schließlich den beiden letzten zu. Wir versetzen uns in den ästhetischen Zustand und sind im Raum. Wir haben die Zeilen vor uns im Tableau ruhend. Im Rezitieren beobachten wir, wie das intentional schaffende Wesen der Worte sich raumgestaltend von Ort zu Ort bewegt. Das Ergebnis soll, nachdem wir seine Ganzheit erfahren haben, systematisch bearbeitet werden, um es aussprechbar zu machen. Dafür ist es günstig, drei verschiedene Qualitäten zu unterscheiden und nacheinander zu behandeln. Wir machen uns zuerst «die Lage im Raum» klar, danach die «Raumverwandlungsgeste» und schließlich die «Art der Intentionalität», die das Ganze gestaltet.

Die Lage im Raum

Durch den Flammenkern der Erde *durch ihre steinerne Schale* *wurdest du gereicht*	Aus dem unteren Raum erhebt sich etwas; es liegt in der Ebene des goldenen Schnittes.

Die Verwandlung des Raumes

Durch den Flammenkern der Erde, *durch ihre steinerne Schale* *wurdest du gereicht*	Es dehnt sich der Raum schmal, er weitet sich etwas, er öffnet sich.

Die Intentionalität

Durch den Flammenkern der Erde, *durch ihre steinerne Schale* *wurdest du gereicht*	Es sammelt die Kraft, den Widerstand fühlend, im Überwinden sich lösend.

Und nun die beiden letzten Zeilen:

Die Lage im Raum

Abschiedswebe in der *Vergänglichkeiten Maß.*	Von oben zur Mitte herunter.

Die Verwandlung des Raumes

Abschiedswebe in der *Vergänglichkeiten Maß.*	Der Raum verengt sich vom Umkreis her langsam und ruhig und löst sich wieder leicht.

Die Intentionalität

Abschiedswebe in der *Vergänglichkeiten Maß.*	Sich im Inneren sammelnd, zugleich ausströmend, ruhend.

Was wir hier vorgestellt haben, ist etwas Empfindliches und Zerbrechliches und auch Gefährdetes. Außerdem ist der Inhalt des Erlebnisses auch von der wahrnehmenden Persönlichkeit, ja selbst von ihrer Stimmung abhängig. Wir wollten hier also nichts Definitorisches, nicht einmal etwas Festes vorstellen. Wir wollen Wahrnehmungen beschreiben, die im ästhetischen Zustand der Seele auftauchen, wenn sich diese einem Gedicht mit dem Willen zuwendet, es eurythmisch zu erleben. Daß manches auch anders empfunden werden kann, soll gerne zugestanden werden. Wichtig ist allein, daß gesehen werden kann, daß eine Annäherung an ein dichterisches Kunstwerk in dieser Art möglich ist. Das Kunstwerk hat einen charaktervollen Eigenwillen, der den Raum bewegt und gestaltet.

Aber wir sind immer noch nicht bei der eurythmischen Kunst angelangt, sondern haben erst die notwendigen Vorarbeiten geleistet.

Soll dieses Gedicht von einer Eurythmiegruppe mit den Mittel der Eurythmie, also durch den ganzen, sich wie die Sprachorganisation bewegenden Leib ausgesprochen werden[57], so muß man sich darüber verständigen: Welcher Wille ist es, der uns bewegt, der aus dem Umkreis unseren Leib so bewegt, wie die Sprachorganisation des Menschen die Luftsäule gestaltet, die sie umfaßt und von der Peripherie zum Zentrum gestaltet.

Welche willenshaften Raumkräfte sind es, die uns eurythmisch sprechen lassen? Aus einer Gruppenaufführung wird nur dann ein Ganzes, wenn die Einzelwillen mit diesen raumbewegenden Kräften eins werden. Alle Mitarbeiter einer Eurythmiegruppe sind darauf angewiesen, in diesen Gleichklang hineinzukommen. Dafür braucht man eine gemeinsame Sprache, die es zu entwickeln gilt. So gebrauchen wir in Holland für die Dreiheit des Raumes, für seine Kraft, seinen Atem und seine Orte die Worte «Intention», «Sphäre» und «Zone». Mit «Zone» ist also die Lage im Raum gemeint, wo die Strophe, die Zeile, das Wort zu finden ist. Mit «Sphäre» ist der Raumatem gemeint, der sich systolisch-diastolisch, zusammenziehend-ausdehnend, bis in den Punkt hinein schwindend, bis in die Unendlichkeit quellend, durch die Zeilen, durch die ganze Dichtung zieht. Mit «Intention» ist die Kraft gemeint, die als Beweger allem Wirken zugrunde liegt. Durch die Intention spricht ein Überzeitliches und Überräumliches. Den Charakter der Intention erkennt man schrittweise, indem man von einer Zone zur nächsten geht und dann die Sphärengeste dazu nimmt, um für den sich darin offenbarenden Charakter zu erwachen. Das ist immer notwendig, wenn die eigene Fähigkeit sich noch nicht zu jener Genialität gewandelt hat, die «sich in allen und alle in sich» fühlen kann. Aber auch wer diese Fähigkeit besitzt, ringt sich erst dann zur wachen Klarheit durch, wenn er hin und wieder analytisch vorgeht, wie wir es hier versucht haben.

Hat man die Wahrnehmung einer Intentionsfolge des Kunstwerkes (wach oder im Gefühl) zur Fähigkeit erhoben, kann man sich als Eurythmist zum Diener des Kunstwerkes, zu seinem Werkzeug machen. Das Bewegende wird dann der Sprache-Kraft-Fluß und nicht der Inhalt. Dann erscheint das Kunstwerk durch das Instrument des Leibes so, als ob die Bühnenbewegung Geistbewegung, Schöpferbewegung sei. Aus der Quelle, an die der Eurythmist so Anschluß gewonnen hat, hat auch der Dichter seine Sprachfiguren geschöpft.

Diese Schöpferkraft kann durch den gegenständlichen Sinnesteppich der Leiblichkeit hindurchscheinen. Das kann den Betrachter anregen, sich ebenfalls in den ästhetischen Zustand zu versetzen oder sich mehr unbewußt hineinversetzen zu lassen. Wie leicht oder wie schwer die Eurythmisten es darin dem Kunstgenießer machen, wäre ein Maß für die Qualität einer Aufführung.

Wir haben unsere Darstellung mit der Frage eingeleitet, ob es einen prinzipiellen Unterschied zwischen der eurythmischen Bewegung und allen anderen Bewegungen im Raume gibt. Dabei haben wir die erstaunliche Entdeckung gemacht, daß es offenbar mehr als eine Art von Raum gibt, wir haben drei Raumarten gefunden. Der eurythmische Raum ist deshalb etwas sehr Reales, weil er vollständig und differenziert erforschbar ist. Das ist die eine Seite. Auf der anderen Seite ist er «nicht von dieser Welt», was heißen soll, er ist nicht der äußere Raum der Gegenstände. Aber er ist auch nicht der «Seelenraum», der Gemütszustände und Gefühle enthält. Deshalb dürfen diese drei Räume auch nicht miteinander verwechselt werden. Man stelle sich eine Situation vor, in der ein Eurythmist von einem Menschen, der sich für den eurythmischen Raum noch nicht wach gemacht hat – und das sind viele –, gefragt wird, woher er eine bestimmte Bewegung hat. Und der Eurythmist würde antworten: «Von einem Griff in die Sterne.» Der Fragende müßte sich zu Recht an den Kopf greifen. Vor diesem Problem steht jeder Eurythmist, der über seine Arbeit sprechen soll. So selbstverständlich diese Antwort richtig ist, wenn man den eurythmischen Raum im Auge hat, so schwierig ist es, darüber zu sprechen, wenn der Gesprächspartner von diesem Raum weder Erfahrung noch Begriff hat. Daß es an der Zeit ist, die Eurythmie *auch* mitteilbar zu machen, zeigt nicht nur dieses Beispiel.

Die moderne Kunst wird nur dann eine gesunde Entwicklung haben, wenn sie *auch* denkbar gemacht wird. Im Zeitalter der Menschenfreiheit muß das Handeln, auch das künstlerische, persönlich verantwortet werden. Es muß persönlich verantwortet werden, was mit der Erde geschieht, was mit der menschlichen Gesellschaft gemacht wird und auch das, was durch den künstlerischen Prozeß zutage tritt. Dafür ist eine an den Phänomenen entwickelte Begriffssprache notwendig. Dafür brauchen wir eine Erhebung des Bewußtseins, das die Impulse des Handelns erfaßt. So ist es eine Zeitaufgabe, bis zu der Anschauung der bewegenden geistigen Kräfte vorzudringen. Wir müssen den Geistern begegnen, individuell und persönlich, denn diese tragen das Leben der Erde, die Bewegung der Sprache und den Mut der Seele. Aber die Kraft, die zur Erhebung des Bewußtseins führt, ist immer nur die eigene. Sie muß aus der eigenen Individualität entwickelt werden. Dann werden wir in der Kunst unser Gemüt bis in die Sterne erheben. Dann wird auch der Verstand, der in bezug auf die Gegenstandswelt so Großartiges entwikkelt hat, durch die Kräfte, die sich aus dem Gemüt entzaubern lassen, zur Vernunft umgebildet werden.

In diesem Sinne sind die drei Begriffe: Zone, Sphäre und Intention gemeint. Sie sind praktische Übungsschritte, durch die ein Organ erweckt wird, durch das derjenige, der die Eurythmie genießen will, seinen Zugang zu ihr vertiefen kann. Und wer den Zugang zur Eurythmie vertieft, der lernt sie auch lieben.

Anmerkungen

1 Aus: Rudolf Steiner, «Die Evolution vom Gesichtspunkt des Wahrhaftigen», GA 132. Vortrag vom 14. November 1911.

2 Siehe Rudolf Steiner, «Die Entstehung und Entwickelung der Eurythmie», GA 277 a, S. 75, ebenda: «Aus Albert Czerwinskis ‹Brevier der Tanzkunst› », S. 166–170.

3 Siehe Rudolf Steiners Vortrag vom 27. April 1909 «Lachen und Weinen. Die Physiognomie des Göttlichen im Menschen» und «Geisteswissenschaftliche Menschenkunde», GA 107. «Nun ist es gerade die Tätigkeit des Ich in dem Organismus, welche bei einem Wesen, wie es der Mensch ist, Lachen und Weinen hervorruft. Nur bei einem Wesen, das sein Ich innerlich hat (...) ist Lachen und Weinen möglich.»

4a S. Rudolf Steiners Vortrag vom 3. Februar 1910 in «Metamorphosen des Seelenlebens. Pfade der Seelenerlebnisse», GA 59, S. 70.

4b Vgl. Rudolf Steiners Angaben in «Entstehung und Entwickelung der Eurythmie». GA 277 a, S. 36/37.

5 Vgl. Rudolf Steiner, «Entstehung und Entwickelung der Eurythmie», GA 277 a, S. 36, 74 f.

6 Vgl. Heinrich von Kleist, «Über das Marionettentheater».

7 In differenzierter Weise wird es notwendig, den Menschen als leibliches, seelisches und geistiges Wesen zu sehen. Zur Menschenkunde gibt Rudolf Steiner in vielfältiger Form Erkenntnisse. Vgl. z. B. «Theosophie», GA 9. Kap. «Vom Wesen des Menschen».

8 Symbiotisch oder synästhetisch genannte Sinnesqualitäten sind die Grundlage allen ästhetischen Schaffens und Genießens; z. B. erleben wir die Farbe Orange als warm, einen hohen Trompetenton erleben wir als hell, strahlend.

9 Es erweist sich für die praktische eurythmische Arbeit als außerordentlich fruchtbar, entsprechend der Entwicklung einer siebengliedrigen bzw. entsprechend dem «Denken – Fühlen – Wollen» einer dreigliedrigen Differenzierung zu folgen. Diese Aspekte werden an anderer Stelle in der Zukunft einmal auszuführen sein.

10a Johann Wolfgang von Goethe, «Gesammelte Werke». Hamburger Ausgabe, Bd. 1, S. 134.

10b Begriffe zu den Dimensionen von Rudolf Steiner sind z. B. zu finden in «Menschenfragen und Weltenantworten», GA 213. Vortrag vom 24. Juni 1922.

11 Rudolf Steiner, «Wege der geistigen Erkenntnis und der Erneuerung künstlerischer Weltanschauung», GA 161. Vortrag vom 1. Mai 1915, S. 241, und «Zeitgeschichtliche Betrachtungen. Das Karma der Unwahrhaftigkeit. Zweiter Teil», GA 174. Vortrag vom 14. Januar 1917, S. 134.
12 Rudolf Steiner: «Zeitgeschichtliche Betrachtungen. Das Karma der Unwahrhaftigkeit. Zweiter Teil», GA 174. Vortrag vom 14. Januar 1917, Seite 132.
13 Das ist auch beim eurythmischen Schreiten so, daß aus dem Ziel der Impuls für die in der Gegenwart erscheinende Bewegung geholt und im Stellen der Impuls erfüllt wird, so daß damit die Vergangenheit eingetreten ist.
14 Rudolf Steiner: «Wege der geistigen Erkenntnis und der Erneuerung künstlerischer Weltanschauung», GA 161. Vortrag vom 1. Mai 1915, S. 246 f.
15 «Zeitgeschichtliche Betrachtungen. Das Karma der Unwahrhaftigkeit. Zweiter Teil», GA 174. Vortrag vom 13. Januar 1917, S. 127.
16 Rudolf Steiner, «Eurythmie. Die Offenbarung der sprechenden Seele», GA 277. Vortrag vom 8. Juli 1923, S. 367 f.
17 Siehe Anm. 16., S. 368.
18 Siehe Anm. 16., S. 368.
19 Siehe Anm. 16., S. 369.
20 Rudolf Steiner, «Eurythmie. Die Offenbarung der sprechenden Seele», GA 277. Vortrag vom 2. Februar 1924, S. 429.
21 Rudolf Steiner, «Geisteswissenschaftliche Menschenkunde», GA 107, Vortrag vom 27. April 1909, S. 274.
22 Siehe Anm. 21.
22a Aus «Klärchens Lied» in «Egmont» von Johann Wolfgang von Goethe. Siehe «Gesammelte Werke». Hamburger Ausgabe. Bd. IV, S. 410 f.
23 Aus: Christian Morgenstern, «Stimmungen vor Werken Michelangelos: Ein Sklave»; siehe «Werke und Briefe, Band I», Stuttgart 1988. Abt.: «Ich und die Welt», S. 230 f.
24 Siehe Anm. 21.
25 Siehe Anm. 21, S. 272–274.
26 Siehe Anm. 23.
27 Rudolf Steiner, «Welche Bedeutung hat die okkulte Entwickelung des Menschen für seine Hüllen und sein Selbst?», GA 145. Vortrag vom 23. März 1913.
28 Siehe Anm. 27., S. 69.
29 Siehe Anm. 27., S. 74.
30 Rudolf Steiner, «Beleuchtungs- und Kostümangaben für die Laut-Eurythmie», Deutsche Texte I, S. 90.
31 Johann Wolfgang von Goethe, «Gesammelte Werke». Hamburger Ausgabe, Bd. 1, S. 80.
32 Johann Wolfgang von Goethe, «Gesammelte Werke». Hamburger Ausgabe. Bd. 1, S. 242.
33 Joseph von Eichendorff: «Mondnacht».
34 Johann Wolfgang von Goethe, «Gesammelte Werke». Hamburger Ausgabe, Bd. 1, S. 44 f.
35 Johann Wolfgang von Goethe, «Gesammelte Werke». Hamburger Ausgabe, Bd. 1, S. 358.
36 Siehe Anm. 21, S. 269.

37 Vgl. Rudolf Steiner, «Die Entstehung und Entwickelung der Eurythmie», GA 277 a. Es läßt sich für alle anderen eurythmischen Elemente ebenso der Zusammenhang darstellen.
38 Johann Wolfgang von Goethe, «Gesammelte Werke». Hamburger Ausgabe, Bd. 1, S. 370.
39a Siehe Anmerkung 56.
39b Vgl. Kap. V A.
40 Vgl. Kapitel III.
41 Rudolf Steiner, «Eurythmie als sichtbare Sprache», GA 279. Vortrag vom 3. Juli 1924, S. 155.
42 Vgl. Kapitel II B und III B.
42a Johann Wolfgang von Goethe, «Gesammelte Werke». Hamburger Ausgabe, Bd. 1, S. 146 f.
43 Vgl. Kapitel VI.
44 Vgl. Rudolf Steiners Notizbucheintragung vom 4. August 1922 in «Eurythmie. Die Offenbarung der sprechenden Seele», GA 277. S. 284:
«1. Bewegung: die Seelisches trägt – Vorstellung
2. Gefühl: an der Außenwelt empfinden – Gefühl
3. Charakter: er wird von innen nach außen geoffenbart – Wille
Dasjenige kommt bei einer Kunst in Betracht, das sich mit ihren Mitteln ausdrücken läßt.»
45 Vgl. Rudolf Steiner, «Die Philosophie der Freiheit», GA 4, und den Vortrag vom 21. September 1920 in «Erziehung und Unterricht aus Menschenerkenntnis», GA 302 a.
46 Johann Wolfgang von Goethe, «Ein Gleiches (Wandrers Nachtlied)». «Gesammelte Werke», Hamburger Ausgabe, Bd. 1, S. 142.
47 Welches Verhältnis die beiden Bildungsarten zueinander haben, hat Werner Barfod im vorstehenden Kapitel bereits ausgeführt.
48 Rudolf Steiner «Eurythmie als sichtbare Sprache», GA 279. Vortrag vom 4. August 1922.
49 Vom 4. August 1922. Vgl. Anm. 44.
50 Siehe Rudolf Steiners Notizbucheintragung vom 4. August 1922. (Anm. 44).
51 Rudolf Steiner, «Welche Bedeutung hat die okkulte Entwickelung des Menschen für seine Hüllen und sein Selbst?», GA 145. Vortrag vom 23. März 1913.
52 Vgl. Anm. 50, S. 62.
53 Vgl. Anm. 50, S. 73 f.
54 Vgl. Anm. 50, S. 70 f.
55 Thomas Göbel, «Die Quellen der Kunst», Dornach 1982.
56 Nelly Sachs, «Fahrt ins Staublose», Frankfurt 1988, S. 148.
57 In dieser Darstellung soll über die Arbeitsmittel der Eurythmie, die Lautgesten, Seelengesten, über die Form usw. nicht gehandelt werden. Das wird an anderer Stelle ausführlich entwickelt. Außerdem verweisen wir auf Rudolf Steiner (1924).